Mi niño no me come

Prácticos
Familia

Carlos González

Mi niño no me come

Consejos para prevenir y resolver el problema

temas'de hoy.

Obra editada en colaboración con Ediciones Planeta Madrid – España

Bajo el sello editorial BOOKET M.R.
Avenida Presidente Masarik núm. 111, 2o. piso
Colonia Chapultepec Morales
C.P. 11570, México, D.F.
www.editorialplaneta.com.mx

Edición actualizada y ampliada

Diseño de la portada: www.genisrovira.eu
Imágenes de la portada: © Getty Images / Shutterstock

Primera edición impresa en España en esta presentación en Colección Booket: junio de 2012
ISBN: 978-84-9998-136-9

Primera edición impresa en México en Booket: abril de 2014
ISBN: 978-607-07-2096-3

Impreso en los talleres de Litográfica Ingramex, S.A. de C.V.
Centeno núm. 162-1, colonia Granjas Esmeralda, México, D.F.
Impreso en México – *Printed in Mexico*

Biografía

Carlos González (Zaragoza, 1960), licenciado en Medicina por la Universidad Autónoma de Barcelona, se formó como pediatra en el Hospital de Sant Joan de Déu de esta ciudad. Fundador y presidente de la Asociación Catalana Pro Lactancia Materna (ACPAM), en la actualidad imparte cursos sobre lactancia materna para profesionales sanitarios. Desde 1996 es responsable de uno de los consultorios de la revista *Ser Padres*. Tras el éxito de *Mi niño no me come* (2002), publicado por Temas de Hoy y traducido a diferentes lenguas, ha escrito para esta misma editorial *Bésame mucho* (2003), *Un regalo para toda la vida* (2006) y *Entre tu pediatra y tú* (2010). En su último libro, *En defensa de las vacunas* (2011), desmonta los argumentos de quienes están en contra de la vacunación. Está casado, tiene tres hijos (que ahora ya comen y duermen) y vive en Hospitalet de Llobregat.

Más información en: www.acpam.org

ÍNDICE

Agradecimientos 13
Prólogo de Pilar Serrano Aguayo 15
Introducción. Pero ¿hay algún niño que sí coma? 21
Su caso no es único 22
Por qué nos duele tanto 23
Pero a ellos les duele aún más 24
Bases teóricas 26

PRIMERA PARTE
LAS CAUSAS

Capítulo uno: Cómo empieza todo 31
¿Para qué sirve comer? 31
Cuánto necesita comer un niño 32
Comer para vivir o vivir para comer 34
Por qué no quieren verdura 35
Muchos dejan de comer al año 37
Otros no han comido en su vida 39
Los que van «justos de peso» 41
Qué es y para qué sirve una gráfica de peso 42
El crecimiento de los niños de pecho 46
No todos los niños crecen al mismo ritmo 47
«Desde que tuvo aquel virus no ha vuelto a comer…» 49

De grandes cenas están las sepulturas llenas 51
Las tres defensas del niño 52
El problema de las alergias 54
¿De verdad no come nada? 58

Capítulo dos: Su hijo sabe lo que necesita 63
Leche materna a la carta. Por qué no maman según un horario regular 64
Papillas también a la carta 67
Pero ¿no se atiborrará de chocolate? 68

Capítulo tres: Qué no hay que hacer a la hora de comer 71
La persistencia 71
Las incursiones nocturnas 72
Las odiosas comparaciones 73
Los sobornos 74
Estimulantes del apetito 75
Un testimonio de primera mano 79

Capítulo cuatro: Calendario de alimentación 81
Las recomendaciones de la ESPGHAN 81
Las recomendaciones de la AAP 84
Las recomendaciones de la OMS y el UNICEF 86
Ciencia ficción y alimentación infantil 87

SEGUNDA PARTE
QUÉ HACER SI YA NO COME

Capítulo cinco: Un experimento que cambiará su vida 95
Algunas puntualizaciones importantes 98
Ejemplo práctico de cómo no obligar a comer a un niño 99

TERCERA PARTE

CÓMO PREVENIR EL PROBLEMA

Capítulo seis: El pecho sin conflictos 109
Un consejo muy claro 109
Confíe en su hijo 110
El pecho se da a demanda 110
La crisis de los tres meses 112
¿Qué puedo hacer para tener más leche? 115
Por qué su hijo no quiere biberones 120
Por qué su hijo no quiere otros alimentos 120

Capítulo siete: El biberón sin conflictos 123
El biberón también se da a demanda 123
¿Por qué no se acaba los biberones? 124

Capítulo ocho: Las papillas, un asunto delicado 127
Algunos detalles importantes 128
Consejos útiles, pero no tan importantes 134
Cuando mamá trabaja fuera de casa 140
Algunos mitos en torno a las papillas 142

Capítulo nueve: Qué puede hacer el profesional de la salud 149
El control del peso 149
La alimentación complementaria 154
Cuidar el lenguaje 155
¿Por qué no bajamos la báscula del pedestal? 156

CUARTA PARTE

ALGUNAS DUDAS FRECUENTES 159

Apéndice. Un poco de historia 193
Epílogo. ¿Y si nos obligasen a comer a nosotros? 208
Notas 216
Índice temático 221

A mi madre,
que me daba de comer
sentado en la ventana

AGRADECIMIENTOS

El autor agradece a Maite Fabregat, Joana Guerrero, Rosa Maria Jové, Margarita Otero, Cristina Ros y Pilar Serrano sus valiosos comentarios al manuscrito.

PRÓLOGO

En los últimos años el conocimiento de la fisiología del apetito ha avanzado de forma notable. Nos maravillamos del complejo proceso que regula la ingesta de alimentos. Y, sin embargo, no deja de ser sorprendente la cantidad de prejuicios existentes cuando se trata del apetito de un niño, y la cantidad de normas rígidas que se imponen a su alimentación.

Mi primera experiencia dolorosa con estas normas fue presenciar el suplicio de mi hermano pequeño. Él debía de tener dos años, y yo tres. Estábamos aquella tarde al cuidado de una tía, por cierto, muy cariñosa con nosotros.

Mi hermano no se quiso comer el plátano que le habían adjudicado como merienda, así que ella lo cogió en brazos, le tapó la nariz, y cuando tuvo que abrir la boca para respirar le introdujo, sin compasión, el plátano en la boca, y así continuó pese a sus llantos e intentos por soltarse, hasta que se lo tragó entero. Lo percibí como un acto de crueldad, cuya finalidad no entendía. ¡Si hubiese tenido hambre se lo habría comido, y si no se lo comía sería que no tenía hambre!, eso lo entiende hasta una niña de tres años.

Sobre el comedor del colegio podría contar algunas cosas. Bajo las mesas, que tenían una tabla por debajo del tablero principal, podías encontrar de todo: lo más habitual eran trozos de pan, naranjas y salchichas, pero a veces había hasta huevos fritos enteros. No sé si la directora lo sabía, o pensaría que los niños en el colegio se lo acababan todo; pero seguro que la limpiadora estaba al día de cuánto es capaz de comer un niño.

Después de muchos años de estudio, he confirmado mi primera impresión: es el apetito el que regula la ingesta de alimentos; y, al menos en los niños, lo hace de forma adecuada a sus necesidades. Cada especie tiene unas preferencias alimentarias que parecen estar determinadas genéticamente. Nosotros no somos una excepción, al menos cuando aún no hemos adquirido los prejuicios de la época que nos haya tocado vivir. Con los años llegamos a comer sobre la base de motivaciones de lo más variopinto: según sea Navidad o Cuaresma, según queramos agradar a nuestra suegra o lucirnos en bikini… En cambio, los niños no tienen ideas preconcebidas de cuánto ni cuándo deben comer. No conocen (ni necesitan conocer) las recomendaciones del pediatra, ni las de la Organización Mundial de la Salud, ni lo que come el hijo de su vecina. Por eso no aceptan con facilidad las normas rígidas que a veces se les quiere imponer.

Ellos sí que saben. Deberíamos fijarnos y aprender, en esto de la comida y en muchas otras cosas. En una ocasión, antes de dar el pecho a mi hijo, le pregunté bien alto (con el fin de que me oyese alguien que solo a regañadientes aceptaba que lo amamantase): «¿Cariño, tú quieres tomar una leche específica para tu especie, que ha evolucionado durante millones de años hasta llegar a ser perfecta para ti, que no te causará alergias y que te protegerá de muchas enfermedades?». Él me miró asombrado y me dijo: «¡Noooo, tero teta!».

Este libro, que me parece tan ameno como riguroso científicamente, tan respetuoso con las madres como con los niños, deja entrever una filosofía más profunda sobre las relaciones de los padres con sus hijos. *Mi niño no me come* interesa no solo a las madres que sueñan con que sus hijos coman «debidamente», sino, sobre todo, a los niños que sueñan con disfrutar con sus madres de la hora de la comida y de todas las demás horas del día.

PILAR SERRANO AGUAYO
Médica especialista en Endocrinología y Nutrición

Los testimonios de madres contenidos en este libro provienen de cartas recibidas en el consultorio de la revista *Ser Padres*. Se han cambiado los nombres y cualquier otro detalle que pudiera permitir su identificación. Mi más sincero agradecimiento a todas ellas por la confianza que me han otorgado y por lo mucho que me han enseñado. Una primera versión del relato *La carga de la Brigada Nutricional,* que cierra esta obra, se publicó en la misma revista en febrero de 1998.

INTRODUCCIÓN
PERO ¿HAY ALGÚN NIÑO QUE SÍ COMA?

«Mi niño no me come.» Esta es, sin duda, una de las frases que más veces oye un pediatra a lo largo de su vida. Aunque en invierno ha de competir con la tos y los mocos, el no comer se convierte en verano en el rey indiscutible de la consulta.

Algunas madres, como Elena, solo están un poco preocupadas:

El pasado 20 de junio mi hijo Alberto cumplió un año. No es un niño que coma mucho, tengo que entretenerlo para que coma, y aun así casi siempre se deja algo. No sé si tengo derecho a preocuparme, si tengo en cuenta que es un niño muy alegre y despierto, y su médico nos dice que está muy sano.

Otras, como Maribel, están próximas a la desesperación:

Tengo un bebé de casi seis meses, nació con 2,400 kg y actualmente pesa 6,400 kg. Con cinco meses, la pediatra me dijo que comenzara con los nuevos alimentos: cereales sin gluten, papilla de frutas, etcétera; pero se niega rotundamente a tomar la papilla de frutas, y lo intento todos los días, no logro que tome una cucharada entera y casi siempre termina llorando; algo que me pone muy nerviosa y triste, me siento muy mal, porque no sé qué es lo que estoy haciendo mal, no me gusta regañarla y no quiero obligarla, pero creo que al final si no lo hago no comerá absolutamente nada. ¿Cree usted que debo esperar algún tiempo y volver a intentarlo? Cada vez que ve la cuchara se pone nerviosa. Me siento culpable.

¿Estaría Maribel más tranquila si su pediatra, como el de Elena, le dijera que no se preocupe, que su hija está muy sana? La «inapetencia» es un problema de equilibrio entre lo que un niño come y lo que su familia espera que coma; el problema desaparece cuando el apetito del niño aumenta, o cuando las expectativas de quienes le rodean disminuyen. Es, habitualmente, imposible (por suerte, porque sería peligroso) conseguir que el niño coma más. El propósito de este libro es disminuir las expectativas de nuestros lectores para hacerlas acercarse a la realidad.

Su caso no es único

Tras explicar que su hijo no les come, muchas madres añaden algo así como: «Ya sé que hay muchas madres pesadas que dicen que su hijo no come; pero es que el mío, doctor, de verdad no come nada, tendría usted que verlo...».

Se equivocan doblemente. Se equivocan, en primer lugar, al pensar que su hijo es el único que no come. Su hijo ni siquiera es el que menos come. Seguro, amable lectora, que hay otro niño en el país que come menos que el suyo. (¿Que cómo estoy tan seguro? Es una simple cuestión de probabilidades. Hay en el país, por definición, uno y solo un niño que es «el que menos come de todos». Es posible que su madre ni siquiera compre este libro; y, en el peor de los casos, solo tengo una posibilidad entre millones de no acertar.)

Pero se equivocan, sobre todo, al pensar que otras madres son «pesadas». Ninguna lo es. Realmente, esos niños comen poco (porque necesitan poco, como explicaremos más adelante), y realmente, esas madres están profunda y legítimamente preocupadas.

Por qué nos duele tanto

Las madres se preocupan, lógicamente, por la salud de su hijo. Pero hay algo más, algo que convierte la inapetencia en un problema mucho más angustioso que la tos o los mocos. Por una parte, la madre tiende a creer (o le hacen creer) que ella tiene la culpa: que no ha preparado adecuadamente la comida, que no ha sabido dársela, que no ha educado bien a su hijo... Por otra parte, tiende a tomárselo como un asunto personal, como nos muestra Laura:

> *(...) mi única hija de dieciocho meses, el problema es que no hay manera de que coma en condiciones. Muchas veces me pone los nervios a flor de piel, cuando le preparo su comida con mil amores y después de dos cucharadas la echa para fuera. ¿Qué puedo hacer para que coma como Dios manda?*

No solo la niña está inapetente, sino que encima se permite «despreciar» los esfuerzos de su madre en la cocina. Por cierto, no sabíamos que Dios tenía normas sobre lo que deben comer los niños. ¿Habrá querido decir «como su pediatra manda»?

Casi todas las madres expresan este profundo sentimiento personal diciendo «No *me* come» en vez de «No come». Algunas sienten el problema como un acto hostil por parte de su hijo: «*Me* rechaza... la fruta». Muchas madres me han explicado que lloran cuando dan de comer a sus hijos. La pobre criatura se ve a veces envuelta en un falso conflicto emocional. En vez de plantearse en sencillos términos de tienes hambre/no tienes hambre, la lucha por la comida puede convertirse en una trampa del tipo me quieres/no me quieres. Se acusa al niño de no querer a la madre porque, sencillamente, no puede comer más. Y no pocas veces se le insinúa, e incluso se le dice directamente, que la madre no le querrá si no come.

Pero a ellos les duele aún más

Las familias, especialmente las madres, sufren con los conflictos en torno a la comida. Sufren mucho. Como escribió una de ellas: «Es horroroso tener miedo a que llegue la hora de comer».

Si la madre tiene miedo, ¿qué tendrá su hijo? Por grande que sea su angustia, recuerde siempre que su hijo está sufriendo todavía más. No le está tomando el pelo, no la está manipulando, no «sabe latín», no está mostrando su espíritu de oposición... Está, simplemente, aterrorizado.

> *Estoy preocupada por mi hijo (quince meses) porque no come, es decir, la comida la retiene en la boca y cuando pasa un rato la echa y no se la traga, todo lo hace con llanto, solo cuando dejo de darle de comer, él deja de llorar.*

Porque, para la madre, siempre hay una puerta, un consuelo, una esperanza. Usted está preocupada porque su hijo no come, angustiada porque teme que enferme, abrumada por familiares y amigos que la miran fijamente y afirman «este niño tendría que comer más», como acusándola de ser una dejada. Se siente rechazada por un hijo que, incomprensiblemente, no acepta lo que usted le ofrece con tanto cariño; y se siente culpable cuando ve a su hijo llorar y piensa que le está haciendo daño... Pero también es cierto que es usted una persona adulta, con todos los recursos de la inteligencia, la educación y la experiencia. Que cuenta con el amor y el apoyo de sus familiares y amigos, que, probablemente, se han puesto de su parte en este conflicto. Que criar un hijo, aunque sea temporalmente el centro de su mundo, no es su único mundo. Tiene usted una historia y un futuro, unas aficiones, tal vez una profesión. Tiene, cierta o no, una idea que explica lo que está pasando; sabe por qué obliga a comer a su hijo (aunque tal vez no sepa por qué él no come), y en los momentos de más profunda desesperación no deja de repetirse que todo es por su bien. Tiene, además, una esperanza, pues sabe que los niños mayores comen solos, y que esta etapa durará solo unos años.

¿Y su hijo? ¿Qué pasado, qué futuro, qué educación, qué amistades, qué explicaciones racionales, qué esperanzas tiene? Su hijo solo la tiene a usted.

Para un bebé, la madre lo es todo. Es la seguridad, el cariño, el calor, el alimento. En sus brazos es feliz; cuando usted se aleja, llora desesperado. Ante cualquier necesidad, ante cualquier dificultad, solo tiene que llorar; su madre acude al instante y lo arregla todo.

Desde hace un tiempo, sin embargo, algo va mal. Llora porque ha comido demasiado, pero su madre, en vez de hacerle caso como siempre, intenta obligarle a comer todavía más. Y cada vez es peor: la suave insistencia del principio pronto deja paso a gritos, llantos y amenazas. Su hijo no puede entender por qué. Él no sabe si ha comido más o menos de lo que dice el libro, o de lo que dice el pediatra, o de lo que come el hijo de la vecina. Él no ha oído hablar del calcio, ni del hierro, ni de las vitaminas. No puede entender que usted cree hacerlo todo por su bien. Solo sabe que le duele la barriga de tanta comida, y sin embargo le meten todavía más. Para él, esta conducta de su madre es tan absolutamente incomprensible como si le pegase o le dejase pasar la noche desnudo en el balcón.

Muchos niños pasan horas, a veces seis horas al día, «comiendo», o más exactamente, peleándose con su madre junto a un plato de comida. No sabe por qué. No sabe cuánto va a durar (es decir, cree que durará eternamente). Nadie le da la razón, nadie le anima. La persona a la que más quiere en el mundo, la única persona en la que puede confiar, parece haberse vuelto contra él. Su mundo entero se desmorona.

Bases teóricas

Muchos libros y artículos de revista han tratado el tema de la inapetencia de los niños. También dan consejos sobre el tema una multitud de familiares, amigas y vecinas. Sus opiniones no siempre coinciden, y a veces son diametralmente opuestas. Estas diferencias suelen nacer de la respuesta (no siempre explícita) que el autor haya dado a dos preguntas básicas:

1. ¿Come el niño suficiente, o tendría que comer más?
2. ¿Es el niño víctima o culpable de la situación?

Quienes consideran que los «niños que no comen» tendrían que comer más atribuyen la situación a diversas causas y proponen, por tanto, distintas soluciones:

1. La *disciplina*. En realidad, la «culpa» la tienen los padres, que han «malcriado» a su hijo, consintiendo sus caprichos y permitiendo que se salga con la suya.
2. El márquetin. El niño no come porque no se ha sabido «vender» el producto. Hay que darle de comer en un ambiente tranquilo y relajado, con una vajilla decorada con motivos infantiles...
3. La *cocina creativa*. El niño se aburre por la monotonía de la dieta. Hay que variar sabores y texturas, y preparar platos atractivos: esculpir un ratón de arroz hervido con orejas de jamón de York, o decorar con pimiento morrón y aceitunas una cara de payaso de puré de patatas.
4. La *fisioterapia*. Hay que hacer masajes en las mejillas del niño, diariamente desde el nacimiento, para «estimular y fortalecer» los músculos de la masticación.
5. El *laissez-faire*. El niño no come porque ha de afirmar su espíritu de oposición frente a quienes le obligan. Hay que dejar de obligarle, y entonces comerá más.

No estoy de acuerdo con ninguna de estas teorías. La teoría expuesta en este libro se parece mucho a la que he denominado *laissez-faire*; pero hay una diferencia fundamental: no creo que el niño vaya a comer más al dejar de obligarle, porque no creo que necesite más comida. Es cierto que a veces sí que comen algo más, y de hecho he observado a algunos que ganaron peso repentinamente al dejar de forzarles a comer. Pero apenas ganaban 100 o 200 g y el efecto solo duraba unos días. Lo que no me extraña en absoluto, pues estoy convencido de que ni siquiera el natural deseo de oponerse a la opresión puede hacer que un niño coma substancialmente menos de lo que necesita. Todo lo más, llevará unos pocos bocados de «hambre atrasada», que rápidamente recuperará.

La idea de no obligar al niño a comer, que constituye el eje central de este libro, no ha de considerarse, por tanto, como un «método para abrir el apetito», sino como una manifestación de nuestro amor y respeto por nuestro hijo. Al dejar de obligarle, va a seguir comiendo lo mismo, pero sin los sufrimientos y peleas que hasta entonces acompañaban a la comida.

En cuanto a la segunda pregunta, si el niño es víctima o culpable, muchos autores consideran que el niño que «no come» afirma su carácter, prueba los límites, obtiene un beneficio o manipula a sus padres. No estoy en absoluto de acuerdo; creo que el niño es el principal perjudicado en una situación que no ha buscado. Vean, por ejemplo, la siguiente descripción de Brenneman (1932), que el prestigioso pediatra inglés Illingworth recoge textualmente en su libro *El niño normal* (1991):[1]

> En un sinnúmero de hogares tiene lugar una batalla cotidiana. En un bando, el ejército avanza halagando, burlándose, exhortando, haciendo zalamerías, engañando, engatusando, suplicando, avergonzando, regañando, gruñendo, amenazando, sobornando, castigando, señalando y demostrando las excelencias de la comida, llorando o fingiendo llorar, haciendo el tonto, cantando una canción,

contando un cuento, enseñando un libro de dibujos, poniendo la radio, tocando el tambor cada vez que la comida penetra en la boca, en la esperanza de que siga bajando en vez de volver a salir, incluso haciendo que la abuela baile una jota (procedimientos todos ellos frecuentes en la vida real y observados a diario).

Hasta aquí, completamente de acuerdo. Yo continuaría más o menos diciendo: «En el otro bando, el pobre niño se defiende lo mejor que puede, cerrando la boca, haciendo la bola o vomitando». Sin embargo, Brenneman lo ve de modo muy distinto:

> En el otro bando un pequeño tirano defiende la fortaleza, bien negándose a rendirse, bien capitulando con sus propias condiciones. Dos de sus más poderosas armas de defensa son el vómito y la pérdida de tiempo.

¿Por qué un tirano? El niño es siempre el que más sufre en este conflicto. ¿Que algún niño, en vez de la verdura y la carne, acaba consiguiendo un yogur de fresa? Los niños tienen miles de métodos mucho más cómodos y agradables para conseguir un yogur de fresa; ¿cree realmente que pelearse durante más de una hora con su propia madre, escupir, llorar, gritar y vomitar es solo una «comedia» para conseguir un yogur de fresa?

PRIMERA PARTE

LAS CAUSAS

capítulo

uno Cómo empieza todo

¿Para qué sirve comer?

Dios, solía decir mi madre, podría habernos hecho de forma que no necesitásemos comer. Enfrentado cada día con el eterno dilema del ama de casa, «¿qué hago hoy para comer?», tengo que darle toda la razón.

Es una lata, es verdad. Pero estamos hechos así: necesitamos comer. ¿Se ha preguntado alguna vez para qué?

Sin entrar en complejidades filosóficas, podríamos decir que la comida tiene tres funciones principales: comemos para mantenernos con vida, para crecer (o engordar) y para movernos.

— Para *mantenernos con vida*. Nuestro cuerpo necesita una gran cantidad de comida, simplemente para seguir funcionando. Aunque estuviésemos las veinticuatro horas del día durmiendo, aunque nuestro periodo de crecimiento hubiese terminado, seguiríamos necesitando comida.

— Para *crecer o engordar*. Nuestros músculos y huesos, nuestra sangre y nuestra grasa, incluso nuestro pelo y nuestras uñas, se fabrican a partir de lo que comemos.

— Para *movernos, trabajar, jugar*... Se necesita energía para moverse. Todo el mundo sabe que los deportistas o los mineros necesitan más comida que los oficinistas, y que el ejercicio abre el apetito.

Cuánto necesita comer un niño

¿Para qué comen los niños?

— Para *mantenerse con vida*. La cantidad de comida que necesita un animal, aparte de su trabajo y su crecimiento, depende básicamente de su tamaño. Un elefante come más que una vaca, y una vaca, más que una oveja. Si se compra usted un perro, tenga cuidado al elegir la raza: un pastor alemán come mucho más que un caniche.

Si los niños no estuvieran creciendo, necesitarían mucha menos comida que un adulto, porque son mucho más pequeños.

— Para *moverse*. Los niños pequeños se mueven mucho, y es frecuente oír frases como «no sé de dónde saca tanta energía, con lo poco que come» o «con razón no engorda, si es que lo quema todo».

Pero, al analizarlo fríamente, vemos que muchos niños tampoco se mueven tanto. Los recién nacidos se mueven poco, y los de un año caminan poco rato y lentamente. Van a todas partes en brazos o en el cochecito. No realizan verdaderos trabajos, ni levantan peso (ni siquiera su propio peso; un adulto gasta mucha más energía que un niño para recorrer la misma distancia, porque no es lo mismo transportar 10 kg que 60). «Solo de verlos, te cansas», es cierto; pero difícilmente un niño pequeño va a consumir más energía en sus juegos que un ama de casa yendo a la compra.

— Para *crecer*. Cuanto más rápidamente crece un niño, más comida necesitará. Pero los niños no crecen siempre a la misma velocidad.

¿Cuál es la época en que más rápidamente crece una persona? Antes de nacer. En solo nueve meses, una sola célula que pesa mucho menos de un gramo se convierte en un hermoso bebé de 3 kg. Afortunadamente, durante esta época no hay que darle de comer, sino que todo le llega de forma automática, a través de la placenta, «directo a la vena».

Después del nacimiento, muchos dirían que la época de crecimiento más rápido es la adolescencia, el famoso «estirón». Pero no es así. Durante el estirón de la adolescencia, el crecimiento suele ser de menos de 10 cm y menos de 10 kg al año. Durante el primer año, un recién nacido crece 20 cm y engorda 6 o 7 kg (es decir, triplica, o casi, su peso. No volverá a triplicarlo hasta los diez años). Dejando aparte la vida intrauterina, nunca vuelve una persona a crecer tan rápido como durante el primer año. (Todas estas cifras son términos medios redondeados; cada niño es distinto, que nadie se espante si su hijo se aparta de ellas en unos cuantos kilos o en unos cuantos centímetros.)

Se calcula que en los primeros cuatro meses los bebés dedican a crecer el 27 por ciento de lo que comen.[2] Entre los seis y los doce meses, solo gastan en crecer el 5 por ciento de la ingesta; y en el segundo año apenas el 3 por ciento. Este rápido crecimiento es la causa de que los bebés coman tanto. Por su pequeño tamaño, y el poco ejercicio que hacen, les bastaría con mucha menos comida, si no estuviesen creciendo.

¿Que los bebés comen mucho? Si no se lo cree, podemos hacer un pequeño juego. Supongamos que un niño no está creciendo, y que solo necesita una cantidad de comida proporcional a su tamaño. Es decir, que un niño de 30 kg ha de comer el doble que uno de 15 kg, pero la mitad que un adulto de 60 kg (desde luego, la proporción no es exacta; que no se me enfaden los nutricionistas. En realidad, los animales pequeños comen, proporcionalmente, más que los grandes. Solo intento que nos hagamos una idea gráfica de la relación entre tamaño y apetito).

Según esta proporción, si un bebé de 5 kg toma unos tres cuartos de litro de leche al día, una mujer de 50 o 60 kg tendría que tomar diez o doce veces más, es decir, de siete y medio a nueve litros de leche. ¿Podría usted tragarse todo eso? Seguro que no. Para su tamaño, su hijo come mucho más que usted. Muchísimo más. Y esta diferencia se debe, en buena medida, a que su hijo está creciendo, y usted no.

Comer para vivir o vivir para comer

Uno de los mayores mitos en torno a la nutrición es el de que «tienes que comer para hacerte grande». Es decir, mucha gente cree que el crecimiento es consecuencia de la alimentación. No es así. Solo en casos de auténtica desnutrición llega el crecimiento a verse afectado. Si compra usted un caniche, podrá mantenerlo por poco dinero, mientras que si compra un pastor alemán se arruinará comprando comida para perros. ¿Cree usted que si le diera mucha comida a su caniche, este se convertiría en un pastor alemán?

En realidad, no crecemos porque hemos comido, sino que comemos porque estamos creciendo. El tamaño y la corpulencia de un pastor alemán y de un caniche están firmemente anclados en sus genes; cada animal se ve obligado a comer la cantidad de alimento (ni más, ni menos) necesaria para alcanzar su tamaño normal. Lo mismo ocurre con los seres humanos: el que va a ser un adulto alto y corpulento comerá siempre más que el que va a ser bajo y delgado.

El niño de uno a seis años, que crece lentamente, come proporcionalmente menos que el de seis meses o el de doce años, que está en un periodo de rápido crecimiento. Por más comida que le dé, es imposible, absolutamente imposible, hacer que un niño de dos años crezca tan rápido como uno de seis meses o uno de quince años. En el sentido opuesto, es posible, haciendo pasar hambre a un niño, conseguir que crezca un poco menos, pero el efecto será pequeño a menos que el niño sufra una verdadera desnutrición. Sabemos, por ejemplo, que la talla de los reclutas ha ido aumentando en las últimas décadas, lo que en parte se debe a cambios en la nutrición; pero la diferencia entre los que se criaron en tiempos de guerra y hambre y los que disfrutaron de todas las ventajas en los años setenta es apenas de unos centímetros.

La talla final que alcanza un individuo adulto depende básicamente de sus genes, y solo un poco de su alimentación. Los padres altos tienden a tener hijos altos. Pero la velocidad de crecimiento en un periodo determinado depende, básicamente, de la edad, y solo un poco de los genes. Una niña de trece años, por baja que sea su familia, crecerá más deprisa que una de tres años. Y tendrá más hambre.

Por qué no quieren verdura

No consigo que mi hija de siete meses coma verduras.

No me extraña. Mi padre, de ochenta y nueve años, no ha comido verdura cocida en su vida (salvo que considere como tal la salsa de tomate, claro). Sí que come algo de ensalada. Antes de casarse, cuando por su trabajo pasaba largas temporadas en pensiones, contaba siempre a la cocinera que tenía una úlcera de estómago y el médico le había prohibido la verdura. Por más que la dieta resulta inverosímil, parece que, en general, consiguió que preparasen una tortilla a la francesa especial para el «enfermo». A consecuencia de esta particular aversión, en mi casa nunca se comía verdura, porque mi madre ni la compraba.

Al documentarme para escribir este libro, y siendo mi padre la persona que más profundamente aborrece la verdura de cuantas conozco, le pregunté los motivos. Su respuesta fue la siguiente: «Porque me quisieron obligar. Mi madre ponía verdura, y cuanto más decía yo que no quería, más me obligaba, hasta que me iba a la cama castigado sin cenar». Añade que ni siquiera en la guerra consiguieron hacerle comer la verdura del rancho, y que una vez pasó tres días sin comer porque solo había verdura.

A comienzos del siglo XX (véase el apéndice «Un poco de historia»), la verdura y la fruta se introducían muy tarde en la dieta de los niños, a los dos o tres años, y con grandes precauciones. Los niños estaban la mar de bien sin ellas, pues tomaban el pecho, que lleva todas las vitaminas necesarias. Cuando se extendió la lactancia artificial, y los bebés empezaron a ir cortos de vitaminas (pues los fabricantes tardaron décadas en ir añadiendo a la leche del biberón las vitaminas necesarias), hubo que adelantar las frutas y verduras. Pero había un problema: su baja concentración calórica.

Los niños pequeños tienen el estómago más pequeño todavía. Necesitan comidas concentradas, con muchas calorías en poco volumen. Esa es una de las causas de la desnutrición infantil. En muchos países, los niños están desnutridos, pero los adultos no. Sería un error creer que los adultos se lo comen todo y no les dejan nada a los niños; los padres (y sobre todo las madres, que hasta en eso se nota la diferencia), aquí y en las Kimbambas, cuidan muy bien a sus hijos. Las madres renuncian con gusto a su propia comida para alimentar a sus hijos; el problema es que muchas veces la única comida disponible consiste en verduras y tubérculos con mucha fibra y pocas calorías. Los adultos pueden comer todo lo que necesiten, porque su estómago es lo suficientemente grande. Y, comiendo suficiente cantidad, cualquier alimento engorda. Los niños pequeños, por más que lo intenten, no pueden comer la cantidad de verdura necesaria, porque no les cabe en el estómago.

La leche materna tiene más de 70 kcal (kilocalorías, aunque mucha gente les llama simplemente «calorías») por 100 g; el arroz hervido 126 kcal, los garbanzos cocidos 150 kcal, el pollo 186 kcal, el plátano 91 kcal..., pero la manzana tiene 52 kcal por 100 g, la naranja 45, la zanahoria cocida 27, la col cocida 15, las espinacas cocidas 20, las judías verdes 15, la lechuga cruda 17 kcal/100 g. Y eso contando con que estén bien escurridas; la sopa o el triturado con el agua de cocción lleva todavía menos «substancia».

Hace algunos años, un investigador[3] tuvo la curiosidad de analizar las papillas de verduras con carne preparadas por varias madres madrileñas para sus hijos; la concentración calórica media era de 50 kcal por 100 g. La media, porque algunas apenas tenían 30 kcal por 100 g. Y eso con carne, imagínese la verdura sola.

¿Todavía le extraña que su hijo prefiera el pecho a la papilla? ¿Todavía se lo cree, cuando le dicen que «este niño tiene que comer más papillas, con el pecho solo no va a engordar»?

Si se les deja tranquilos, los niños pequeños no suelen tener una repugnancia absoluta por las verduras. No es un problema de sabor. Es más, normalmente aceptan bien una pequeña cantidad de verduras, que son ricas en varios minerales y vitaminas de importancia. Pero su dosis normal suele ser de apenas unas cucharadas. A algunos, como las verduras son muy «sanas», pretenden darles un plato entero. Y, ofensa sobre ofensa, darles ese plato de verduras en vez del pecho o del biberón, que tenían el triple de calorías o más. «Me quieren matar de hambre», piensa el niño, que no sale de su asombro; y, naturalmente, se niega a aceptar semejante aguachirle. Comienza la pelea, y el niño puede coger tal manía a la fruta y a la verdura que luego, cuando crezca y le quepan en el estómago, tampoco las querrá.

Muchos dejan de comer al año

Como hemos visto, los bebés comen, en relación con su tamaño, mucho más que los adultos. Eso significa que, en el proceso de hacerse adultos, tarde o temprano tendrán que empezar a comer menos. Más temprano que tarde, para sorpresa y terror de muchas madres. Los niños suelen «dejar de comer», aproximadamente, al cumplir el año. Algunos ya dejan de comer desde los nueve meses; otros «aguantan» hasta el año y medio o los dos años. Unos pocos nunca dejan de comer, mientras que otros «nunca han comido, desde que nacieron».

El motivo de este cambio alrededor del año es la disminución de la velocidad de crecimiento, que ya hemos comentado. En el primer año, los bebés engordan y crecen más rápidamente que en ninguna otra época de su vida extrauterina. Durante el segundo año, en cambio, el crecimiento es mucho más lento: unos 9 cm, y un par de kilos. Así tenemos que, de los tres principales capítulos del gasto energético, la energía necesaria para moverse aumenta, porque el niño se mueve más; y la necesaria para mantenerse con vida también aumenta, porque el niño es más grande. Pero la energía necesaria para crecer disminuye de forma espectacular, y el resultado es que el niño necesita comer lo mismo o menos. Según los cálculos de los expertos, los niños de año y medio comen un poquito más que los de nueve meses; pero eso no es más que la media, y muchos niños de año y medio comen, en realidad, menos que a los nueve meses. Los padres, no informados de este hecho, se hacen un razonamiento aparentemente lógico: «Si con un año come tanto, con dos comerá el doble». Resultado: una madre intentando dar el doble de comida a un niño que necesita la mitad o menos. El conflicto es inevitable y violento.

Además, muchos bebés comen alimentos muy aguados, papillas de fruta y de verdura. Cuando por fin les dan alimentos substanciosos, como macarrones, pollo, patatas fritas, pan o garbanzos, necesitan, por supuesto, mucha menos cantidad.

¿Hasta cuándo siguen los niños sin comer? La situación suele ser transitoria. Aconsejadas por abuelas, vecinas y pediatras, las madres suelen confiar en que su hijo «hará el cambio». En efecto, muchos niños, hacia los cinco o siete años, al aumentar su tamaño corporal, empiezan a comer algo más que antes. Pero no siempre es este pequeño aumento suficiente para colmar las aspiraciones de sus familias. Por una parte, la cantidad de alimento que cada persona necesita es muy variable, y algunos niños comen mucho más o mucho menos que sus compañeros de la misma edad y tamaño. Por otra parte, las expectativas de los padres pueden ser también muy distintas; algunas madres se conformarían con que su hijo se acabase el plato de macarrones, otras esperan que después de los macarrones se coma también un bistec con patatas, un plátano y un yogur. Por uno u otro motivo, muchos niños siguen «sin comer» hasta el inicio de la adolescencia. Entonces, cuando el lento crecimiento de los años precedentes se convierte en «el estirón», los muchachos sienten un insaciable apetito, y para asombro y alegría de sus madres, arrasan la nevera y meten todo lo que encuentran dentro de un bocata.

Una madre, Cristina, recuerda claramente el momento en que su hijo, a los quince meses, dejó de comer:

> *Mi hijo de dieciséis meses siempre ha comido bien: purés de verdura con pollo, pescado o huevo, fruta, arroz, espaguetis... lo que nunca ha aceptado bien es la papilla de cereales. También se empeña en comer solo y le dejamos (aunque con ello come menos). El problema es que desde hace un mes y de pronto ¡no quiere comer!* No es *que rechace algún alimento y pueda darle otro; lo que ocurre es que come dos o tres cucharadas y ya no quiere más. Hemos intentado todo: he probado con legumbres, comida no tan pasada, entretenerle con cosas (incluso los abuelos le sacan a la terraza a darle de comer).*

Vale la pena fijarse en otro comentario que nos hace Cristina, como de pasada: su hijo «se empeña» en comer solo, pero así come menos. Alrededor del año, los niños suelen atravesar una fase en que quieren comer solos y disfrutan haciéndolo. Claro, comen menos, tardan más y se ensucian. Si la madre está dispuesta a admitir estos pequeños inconvenientes, probablemente su hijo seguirá comiendo solo el resto de su vida. Si por rapidez y comodidad (y sobre todo para que coma más) la madre opta por darle ella de comer, es probable que al cabo de un par de años lamente su decisión. Pues los niños de dos o tres años ya no suelen mostrar el mismo espontáneo deseo de comer solos que tienen los de un año.

Otros no han comido en su vida

Algunos casos de «inapetencia» comienzan bastante antes, en los primeros meses o semanas. Cada ser humano es distinto, y algunos niños necesitan mucho menos alimento que otros. Otras veces, el niño está comiendo lo mismo que los otros, pero su madre no lo sabe. Veamos una historia típica:

> *Los problemas empezaron en la clínica, cada vez que intentaba ponerlo al pecho se ponía a llorar, después de insistir mucho se cogía un momento y soltaba, y así cada dos o tres horas. En casa la cosa fue peor, el niño estaba todo el día llorando, yo todo el día insistiendo en meterle el pecho en la boca, pero el niño parecía como si no supiera mamar, mi hijo mayor también lloraba porque apenas tenía tiempo para él. Al final a los veinte días no podía más y empecé a darle biberones. Al principio parecía que la cosa mejoraba, pero en estos momentos darle de comer es algo desesperante, para que tome 100 o 120 ml me tiro una hora o más en cada toma, y hay algunas tomas en las que no llega a 70 ml, la única que toma bien es la de después del baño, que con paciencia se toma 180, en total al día toma entre 600 y 700 ml. En relación al peso, gana poquito, muchas semanas menos de 100 g. Ahora, a los tres meses, pesa 5,800 kg.*

El hijo de Ángela tiene un peso completamente normal; muy próximo a la media, que a los tres meses es de 5,980 kg. Lo que come (700 ml de leche son 490 kcal) también es normal, aunque probablemente es menos de lo que le han mandado. Muchos libros recomiendan a esta edad 105 a 110 kcal por kg (unos 900 ml de leche al día para nuestro protagonista); pero estudios más recientes[4] indican que las necesidades medias son de 88,3 kcal/kg, y la menos dos desviación estándar es de 59,7 kcal/kg, lo que para este niño serían 732 y 495 ml de leche. Recapitulando para los que se han perdido con tanta cifra, la mitad de los niños de tres meses que toman biberón necesitan menos de 730, y algunos solo toman 500 ml al día, pero muchos libros todavía recomiendan 900, si es que no han redondeado y dicen directamente «un litro». Estas cifras son necesidades netas, en realidad, los niños suelen tomar un poco más, porque luego tienen que regurgitar una parte de lo que han comido. De los 380 varones sanos de tres meses que estudió Fomon,[2] el 5 por ciento comían menos de 660 ml (esto sí que son ingestas reales).

Los que van «justos de peso»

En otros casos, el problema no se inicia por las mamadas «demasiado cortas», sino por el peso «demasiado bajo». En el mundo hay gente de todas las tallas, y cualquier mañana, mientras vamos a comprar el pan, nos cruzaremos con personas que pesan 50 kg y con otras que pesan 100. ¿De verdad cree que esas personas pesaban lo mismo cuando tenían tres meses? ¿Por qué nos cuesta tanto aceptar las diferencias en el peso de los hijos?

Tengo una niña de tres meses, le doy pecho. Hasta ahora aumentaba bien de peso, 200 o 250 g por semana. Hace dos semanas la llevé a la pediatra y cuando la pesó solo había aumentado 80 g. Pesaba 5,820 kg, nació con casi 3,200. La pediatra me recomienda una «ayuda», cuando le doy el biberón lo rechaza. Le compro otras marcas de leche, sigue rechazándola. También le compro otras tetinas, pues ella no quiere un chupete, sigue sin querer, se pone a llorar y pasa hasta cuatro o cinco horas sin tomar ni el pecho; he intentado ponerle a la leche un poco de papilla y darle con cuchara, pero tampoco la quiere. Solo quiere el pecho. Pero no puede seguir así, temo que la salud de mi hija peligre, pues no aumenta casi, y la pediatra me dice que está por debajo de la raya.

¿Por debajo de qué raya? Según las tablas de la OMS, el peso de esta niña está en la media. Podría pesar entre 4600 y 7400 g. Ha aumentado 2,620 kg en tres meses, más de 850 g al mes. La única raya que se ha sobrepasado aquí es la de la paciencia de la madre. ¿Cuántas horas de angustia, cuántas excursiones a la farmacia para comprar nuevos biberones y nuevas leches, solo porque alguien se equivocó de raya? ¿Cuántos biberones tiene que rechazar un niño para demostrar que no los quiere?

Este caso ilustra dos problemas fundamentales: por un lado, la interpretación en general de las gráficas de peso; por otro, el ritmo de crecimiento de los niños de pecho.

Qué es y para qué sirve una gráfica de peso

Esto es una gráfica de peso. Totalmente inventada; ¡no busque en ella a sus hijos! Simplemente, lo hemos puesto para explicar lo que significan las líneas. Existen muchos gráficos de peso distintos: los americanos (que la OMS recomendaba para su uso en todo el mundo hasta que creó sus propias gráficas) y los de otros países que han querido tener gráficas propias para no ser menos: franceses, ingleses, españoles... Por cierto, no coinciden, y si nos lee algún pediatra o enfermera, podrá pasar entretenidas tardes de domingo comparando unos con otros.

Los números que hay a la derecha se llaman «percentiles». El percentil 75 significa que de 100 niños sanos 75 están por debajo de esa raya y 25 por encima. En algunas gráficas, las rayas de los extremos no son el 97 y el 3, sino el 95 y el 5.

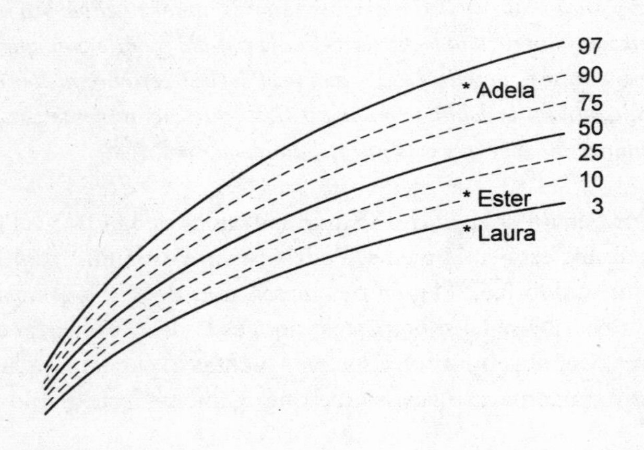

Otras gráficas no usan los percentiles, sino la media y las desviaciones típicas. Dichas tablas tienen, de abajo arriba, cinco líneas que corresponden a –2, –1, media, +1 y +2 desviaciones típicas (o «estándar»). Los pediatras hablamos de estas rayas con gran confianza, como si fueran de la familia, y decimos cosas tales como «la talla está en la menos uno, pero el peso está en la menos dos». A título orientativo, por debajo de la «menos uno» vienen a estar el 16 por ciento de los niños sanos; y por debajo de la «menos dos» algo más del 2 por ciento.

Hemos puesto en nuestra gráfica los pesos de tres niñas imaginarias de la misma edad. Adela tiene un peso totalmente normal, pero apenas habrá un 6 por ciento de niñas de su edad que pesen más. Ester, aunque pesa kilo y medio menos, también tiene un peso totalmente normal, pero el 85 por ciento de las niñas de su edad pesan más que ella. Bajo ningún concepto se puede decir que Ester vaya «mal», «escasa» o «justa» de peso. Es un error muy frecuente pretender que los niños vayan por encima de la media; la mitad de los niños, por definición, están por debajo del percentil 50.

¿Y Laura? Está por debajo de la última raya, y muchas veces esto se interpreta como que «va mal de peso». Pero ojo, la última raya es el percentil 3; el 3 por ciento de los niños sanos están por debajo. Esa raya no es una frontera que separa a los sanos de los enfermos, sino un aviso que le dice al pediatra «cuidado, mírese a Laura bien mirada porque probablemente no le pasa nada, pero también podría ser que estuviera enferma». ¿Cómo distinguirá el pediatra a ese 3 por ciento de niños sanos que están por debajo de la raya de los que están faltos de peso por alguna enfermedad? Pues para eso ha estudiado.

Hemos insistido varias veces en que el 25 por ciento de los niños *sanos* están por debajo del percentil 25. Porque las gráficas se hacen pesando a varios cientos o miles de niños sanos. Naturalmente, si un niño nace prematuro, o tiene el síndrome de Down, o una enfermedad grave del corazón, o le ingresan durante semanas por unas diarreas tremendas, su peso ya no se usa para calcular la media de las gráficas de peso normal. Y, por el mismo motivo, si su hijo ha tenido alguno de esos problemas u otros similares, su peso, probablemente, no seguirá las curvas normales. El que un niño con una enfermedad crónica (o que ha pasado recientemente una enfermedad aguda importante) esté «bajo de peso» no es consecuencia de no comer, sino de su enfermedad. Forzarle a comer no ayudaría a curar su enfermedad; solo a hacerle sufrir y vomitar.

Ahora hemos anotado en nuestra gráfica imaginaria el peso de otras dos niñas imaginarias. La de arriba es Tamara; su peso, como pueden ver, se mantiene siempre entre el percentil 90 y el 97. Algunos dicen que «va siguiendo su caminito».

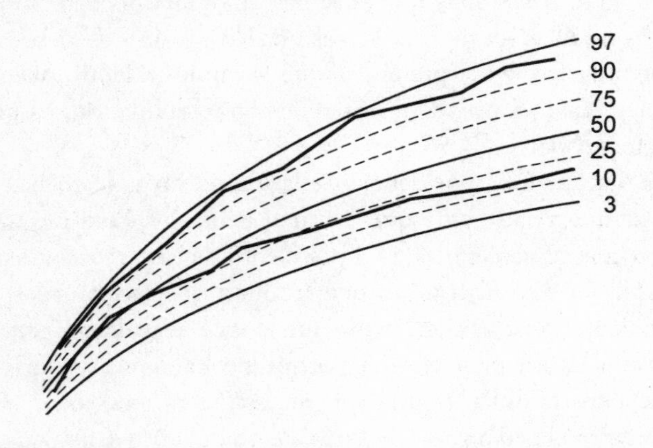

La línea inferior indica el peso de Marta. Vemos que en algún momento llega a estar por encima del percentil 50, pero más adelante está cerca del percentil 10. ¿Qué le pasa a Marta? Probablemente nada. Desde luego, si el desnivel de la curva de peso fuera muy rápido o muy pronunciado, su pediatra haría bien en mirarla con cariño para asegurarse de que no tiene ningún problema. Pero lo más probable es que no le encuentre nada de nada.

Sencillamente, las gráficas de peso no son «caminitos», sino representaciones matemáticas de funciones estadísticas complejas. Las líneas de los percentiles no se corresponden al peso de ningún niño individual, y el peso de los niños individuales no tiene por qué coincidir con ninguna de las líneas. Esto se entenderá mejor con la gráfica de la página siguiente.

Con el propósito de hacernos un huequecito en la historia de la Pediatría, en vez de copiar las gráficas americanas o las españolas, hemos querido hacer nuestras propias gráficas (las primeras virtuales, pues solo hemos pesado a bebés imaginarios). Hemos comenzado pesando a dos niñas a lo largo del primer año, y hemos obtenido las dos líneas gruesas.

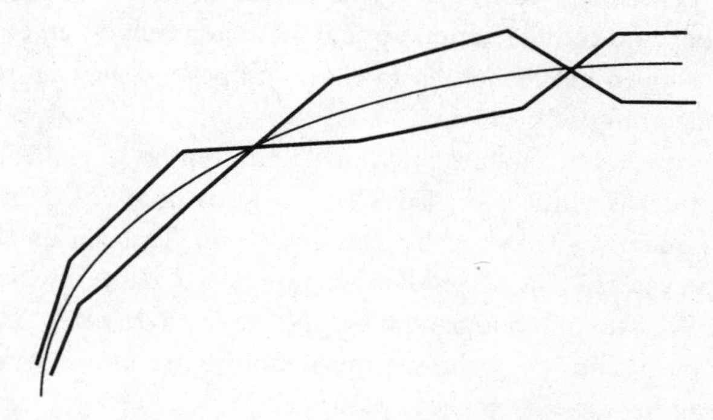

Hemos calculado la media de estas dos niñas, y hemos obtenido la línea más delgada que hay en medio. Una de las niñas estaba por encima de la media, y luego bajó; la otra estaba por debajo, y luego subió. Ninguna de las dos coincide con la media. ¿Podemos decir que las dos niñas tienen problemas de nutrición, porque no «siguen su caminito»? Claro que no. Es la media la que no sigue el «caminito» de las niñas.

Naturalmente, las gráficas de verdad no se han calculado pesando a dos niñas, sino a varios cientos. ¿Se imagina cómo se va complicando la cosa?

El crecimiento de los niños de pecho

La evolución del peso de Marta, que hemos visto en la figura de la página 44, es bastante típica de los niños que toman el pecho. Las gráficas de peso habitualmente usadas se hicieron hace bastantes años, cuando muchos niños tomaban el biberón, y los que tomaban el pecho lo hacían solo durante unas semanas. Hoy en día, cuando cada vez más niños toman el pecho durante meses, se observa que no siguen aquellas gráficas. En los años noventa, diversos estudios[5,6] en Estados Unidos, Canadá y Europa demostraron que los niños de pecho suelen engordar «mucho» en relación con las antiguas gráficas norteamericanas durante el primer mes, pero luego van bajando de percentil; hacia los seis meses han perdido toda la ventaja que habían acumulado en el primer mes, y luego mantienen hasta el año un peso «bajo» en relación con las antiguas gráficas.

A raíz de esos hallazgos, la OMS emprendió la realización de unas nuevas gráficas, basadas en los datos de niños de distintas razas que tomaban el pecho más de un año. Tras varios retrasos, las nuevas gráficas se publicaron por fin en 2006; puede verlas en www.who.int/childgrowth/en/. No se trata de hacer unas gráficas para niños de pecho y otras distintas para niños de biberón; se usan las mismas gráficas para todos.[7]

En comparación con las antiguas gráficas norteamericanas, las nuevas gráficas de la OMS están más altas durante los primeros dos o tres meses, pero más bajas a partir de los seis. Al parecer, la diferencia de los primeros meses se debe a que las gráficas norteamericanas estaban mal construidas, con muy pocos datos.

En España, las gráficas más usadas desde hace más de veinte años son las realizadas por la Fundación Orbegozo, de Bilbao. Durante los primeros meses son prácticamente idénticas a las de la OMS, tanto en peso como en talla. Pero a partir de los cinco o seis meses, mientras que la talla sigue siendo casi igual, aparece una diferencia en el peso: las gráficas de la OMS están unos 300 a 500 g más bajas. Todas las líneas están más bajas: el percentil 3, la media y el percentil 97. Es decir, el bebé que sigue en el mismo percentil de la OMS, en la gráfica española parece estar bajando de percentil.

Muchos países han adoptado de forma oficial las gráficas de la OMS, y es probable que España también lo haga próximamente. Hasta entonces, muchas madres oirán, a los ocho o nueve meses, que su hijo «está bajando de percentil».

¿Por qué no coincide el crecimiento de los niños que toman el pecho con el de los que toman el biberón? No se sabe muy bien, pero en todo caso no es por falta de alimento. Durante el primer mes, cuando solo toman leche, los niños de pecho pesan lo mismo o más. Entre los seis y los doce meses, cuando toman papillas además de la leche, los niños de pecho pesan un poco menos. Si fuera verdad que «el pecho ya no les alimenta» (lo que es una solemne tontería, pues el pecho siempre alimenta más que el biberón, y también más que las papillas), entonces el niño se quedaría con hambre y comería más papilla, con lo que podría engordar lo mismo que los de biberón. Pero es que tampoco quieren más papilla. La diferencia es más profunda; de alguna manera, la lactancia artificial produce un ritmo de crecimiento que no coincide con el de los niños de pecho.

«No sabemos qué consecuencias puede tener este crecimiento excesivo», decía en la primera edición de este libro. Ahora sí que lo sabemos. Porque varios estudios[8,9] han encontrado que los niños que han mamado menos de seis meses sufren más sobrepeso y obesidad a los cuatro o seis años.

No todos los niños crecen al mismo ritmo

Tengo una niña que tiene ocho meses, y desde hace cuatro meses no ha cogido peso, su peso ha sido durante cuatro meses de 7,450 kg, y su talla ha aumentado poco a poco hasta los 71 cm que tiene ahora.

Su pediatra me ha comentado que como no aumente de peso en este mes le mandará unos análisis de sangre para ver si tiene carencia de algo; si no es que es inapetente y ya está...
Comer, come muy poco. Además, la cuchara la rechaza, cuando la he obligado con cuchara me lo ha vomitado todo. Sigo dándole con biberón todo, fruta, purés y la papilla de cereales.

Ciertamente, no es «normal» (en el sentido de «frecuente») que una niña no aumente nada de peso entre los cuatro y los ocho meses. Para saber si además de infrecuente es patológico, hay que tener en cuenta otros datos, entre ellos los análisis que prudentemente ha decidido pedir su pediatra para asegurarse de que no esté enferma. Pero si no se detecta ninguna enfermedad, lo mejor es esperar tranquilamente: «Es inapetente, y ya está». Porque lo que tampoco es muy frecuente es pesar eso a los cuatro meses: prácticamente en el percentil 95. La talla a los ocho meses es alta, bastante por encima de la media.

Todos los análisis fueron normales, y a los trece meses esta niña pesaba 8 kg, y seguía sin querer comer. Parece como si, en lugar de engordar con un ritmo lento pero mantenido, esta niña hubiera engordado rápidamente en los primeros cuatro meses, para luego frenar.

Hay un ritmo de crecimiento especial que suele traer de cabeza a los padres. Se llama «retraso constitucional del crecimiento», y no es una enfermedad, sino una variación de la normalidad. Son niños que no crecen siguiendo las gráficas, sino que van por libre. Nacen con un peso normal, y crecen normalmente durante unos meses. Pero en algún momento hacia los tres o seis meses echan el freno, y empiezan a crecer muy despacito, tanto de peso como de talla. Suelen «salirse de la gráfica», colocándose por debajo del percentil 3 de peso y talla. El peso, eso sí, es adecuado para su talla. Si el pediatra les hace pruebas, salen totalmente normales. Se mantienen en el límite o fuera de las gráficas durante años, pero entre los dos y tres años empiezan a crecer a un ritmo normal, de modo que ya no se apartan más del percentil 3, sino que siguen pegaditos a él. Suelen tener la pubertad algo más tarde que otros niños, y por tanto más tiempo para crecer, con lo que alcanzan una altura final completamente normal, y son adultos de estatura media. Es una característica hereditaria, y resulta muy tranquilizador que las abuelas expliquen que uno o ambos padres, o algún tío, «también era muy canijo de chico, y el médico del pueblo siempre le andaba dando vitaminas», pero que al final creció. Veamos lo que parece un caso típico:

Tengo una niña de dieciocho meses a la que afortunadamente le sigo dando el pecho a pesar de los comentarios en contra del 99 por ciento de la gente. El problema es que desde los cuatro meses, cuando volví a trabajar, no ha comido bien hasta ahora. Empezó a bajar de peso y ahora mismo mide 73,2 cm y pesa 8,690 kg. Le hicieron análisis y le salió todo normal.

A los dieciocho meses, el percentil 3 (según las gráficas de la OMS) es de 8200 g y de 75 cm. Pero, para una niña de 73 cm, el peso está por encima del percentil 25, casi en la media. A esta niña la ha visitado un endocrino, y la hormona de crecimiento es una de las pruebas que tiene normales. Así que solo queda esperar unos años.

Lógicamente, un niño que crece tan despacio come aún menos que los demás.

«Desde que tuvo aquel virus no ha vuelto a comer...»

En general, el apetito va disminuyendo de forma paulatina; pero no pocas veces un hecho externo (una enfermedad, el comienzo de la guardería, el nacimiento de un hermanito...) desencadena el proceso:

Tengo un bebé de once meses recién cumplidos. Desde que empecé a darle de comer purés, hasta hace algo más de quince días, comía que era una maravilla, lo mismo le daba el pescado que el pollo que la ternera [...] y de unas para otras unos días no quiere más que cinco o seis cucharadas (como le obligue a tomar más, vomita). Otros días consigo darle el puré en dos veces. Yo no sé si esto se debe a que ha estado cerca de dos semanas con bastante catarro, mucha tos y muchos mocos, fiebre...

Lo mismo que los adultos, los niños pierden el apetito cuando están enfermos. ¿Quién no ha tenido una gripe tal que pierde el gusto por los alimentos, tanto dolor de cabeza que prefiere irse a la cama sin cenar, un dolor de barriga tan fuerte que todo le cae mal...? Esta inapetencia es pasajera; dura solo unos días, mientras dura el virus, y luego desaparece. Si el niño ha perdido peso, puede que salga de la enfermedad con «hambre atrasada» y durante unos días coma más de lo habitual, hasta recuperar lo perdido.

Por supuesto, si la enfermedad es más grave, puede que la inapetencia dure semanas y que el niño no recupere el apetito hasta que reciba un tratamiento adecuado.

Cuando se intenta obligar a comer a un niño enfermo, lo más probable es que vomite. Y que se despierte en él un miedo a la comida y a la cuchara, que mantendrá incluso cuando esté curado. Por supuesto, si el niño tiene de verdad mucha hambre, ni siquiera obligándole se conseguirá quitarle el apetito. Pero si estaba cerca del año, la edad en la que (casi) todos los niños pierden el apetito, es probable que la enfermedad y el consiguiente forzamiento desencadenen la inevitable catástrofe. El niño hubiera «dejado de comer» de todos modos, pero el conflicto se adelanta unas semanas:

Desde que pasó la bronquitis el niño dejó de comer. Cada día comía menos. Tiene casi siete meses y sigue sin comer.

Y, lo que es peor, la madre atribuye la inapetencia a la enfermedad; mientras el niño no coma, mantendrá la creencia, a veces casi subconsciente, de que aquel virus, diarrea, otitis o anginas «nunca se le ha curado del todo». Con frecuencia, ello lleva a la madre a insistir más todavía en la comida, pues tiene la idea de que su hijo «necesita comer para curarse». La historia de Anabel nos demuestra lo graves que pueden llegar a ser estos círculos viciosos:

Tengo un hijo que tiene ahora dieciséis meses, pero que desde que tenía los nueve no abre la boca para comer. Durante el verano tuvo varias diarreas y le mandaron un medicamento que tenía que administrarse con cuchara, y desde entonces le tomó manía, o así creo yo. El caso es que el niño para que coma tiene que estar muy entretenido, y yo le meto la cuchara en la boca y él sorbe. A veces, cuando le pillo con la boca abierta, le dan arcadas. Pero ahora tengo un problema mayor, porque me pone los dientes y no le puedo ni siquiera acercar la cuchara a la boca. La hora de la comida es un calvario para los dos.

De grandes cenas están las sepulturas llenas

¿Qué le ocurriría a un niño que, de verdad, no comiese? Adelgazaría. Un recién nacido, como todas las madres saben, puede perder fácilmente 200 g en los dos o tres primeros días, y recuperarlos después. Supongamos una pérdida mucho más moderada, un niño que pierde cada día 10 g. Por 365 días del año, salen 3,650 kg; redondeando, tres kilos y medio. ¿Qué queda de un recién nacido si le quitamos tres kilos y medio? Poco más que un pañal vacío. Un niño mayorcito, digamos de 10 kg, desaparecería ante nuestros ojos en menos de tres años.

¿Qué ocurriría si el niño se tragase todo lo que le quieren dar? Imaginemos que el niño ya ha comido todo lo que necesita y que, tras arduos esfuerzos, consiguen que coma algo más; digamos, lo suficiente para engordar 10 g (además de lo que ya habría engordado normalmente). En un año, 3,500 kg. Si su hijo engordase cada día 10 g de más, engordaría tres kilos y medio extras al año. A los dos años, en vez de 12 kg, pesaría 19. A los diez años, en vez de 30 kg, 65. A los veinte años, en vez de 60 kg, pesaría 135.

¿No le parece que su hijo estaría monstruosamente obeso? Pero eso es con solo 10 g al día. ¿Cuánto hay que comer de más para engordar 10 g? Se calcula que, para acumular un gramo de grasa corporal, hay que ingerir unas 10,8 calorías.[2] Eso hace 108 kcal para engordar 10 g; casi exactamente las que lleva un yogur de sabor a fresa, o medio donut de chocolate, o un «potito» de comida para bebé de los pequeños, o 250 ml de un zumo de frutas comercial.

¿Se conformaría usted con que su hijo comiera un yogur más cada día? Probablemente no. Muchas madres preparan un plato entero de papilla, y su hijo solo toma un par de cucharadas. ¿Cuánto engordaría de más si se acabase todo el plato? ¿Veinte o treinta gramos al día? ¿Se imagina a su hijo de diez años pesando 100 o 135 kg?

El metabolismo humano permite notables adaptaciones, y, en la práctica, el comer un par de cucharadas más o menos puede que no afecte a nuestro peso. Pero todo tiene un límite. Muchas madres esperan que su hijo coma más del doble de lo que come habitualmente. Nadie puede comer cada día el doble de lo que necesita y seguir sano.

Las tres defensas del niño

Por tanto, los niños tienen que defenderse. Si se comieran todo lo que les intentan hacer comer, enfermarían gravemente. Por fortuna, disponen de todo un plan estratégico de defensa contra el exceso de comida, que se pone en marcha automáticamente. La primera línea de defensa consiste en cerrar la boca y girar la cabeza:

Tengo una niña de once meses y medio; resulta que no gana peso desde los ocho meses, en que pesaba 8 kg; sigue pesando 8 kg. Parece que nunca tiene hambre, le damos de comer mientras se distrae con un juguete y así le entra algo, pero otras veces gira la cara, pone la boca cuadrada, empieza a negarse rotundamente a comer y no hay forma humana de hacerle comer.

Esta niña ha dicho, más claro aún que si supiera hablar, que no quiere comer. Una madre prudente no intentaría darle ni media cucharada más. (Por cierto, no es raro que un niño deje de ganar peso a esta edad, y muchas niñas normales de un año pesan menos de 8 kg.)

Si se sigue insistiendo, el niño se retira a la segunda línea de defensa: abre la boca y deja que le metan lo que sea, pero no se lo traga. Los líquidos y purés gotean espectacularmente por las comisuras de su boca. La carne se convierte en un amasijo duro y fibroso, mil veces masticado, que acaba por escupir cuando ya no le cabe. Se dice entonces que el niño «hace la bola».

Mi niño de ocho meses comía de maravilla hasta hace una semana; un día empezó a rechazar la comida, sobre todo la fruta de la tarde y después también la verdura del mediodía. Su táctica es mantener la comida en la boca sin tragarla. Al principio era poco tiempo, pero ahora se puede estar media hora con el puré en la boca y no hay manera de que lo trague...

Si se insiste más todavía, el niño puede llegar a tragar algo. Se ve reducido entonces a su última trinchera: vomitar.

Mi hijo de cuatro meses y medio no ha hecho una toma bien en su vida. Durante casi tres meses le di pecho, tenía cólicos y ganaba peso escasamente, 150 o 100 g por semana. Cuando le empecé a dar biberón tomaba 40 o 50 ml, y el resto hasta 100 era llorando y echándolo a chorro. He intentado darle cada tres horas poca cantidad, he probado cada cuatro horas, he intentado dándole dormido, entreteniéndole con juguetes... Ha sido imposible.

Con cuatro meses he comenzado con la papilla de cereales sin gluten. Hundido. El niño no come, traga, porque yo he optado por hacerle comer como sea. El resultado, engorda mucho, gana 250 g pero cada toma es terrorífica, primero le doy el biberón y cuando toma sus 50 empiezo con la papilla. He probado cinco marcas de leche, y es lo mismo; la única tetina que acepta es la «anatómica». Por último, ha aprendido en ocasiones a vomitar; lo hace sin esfuerzo pero vomita. Mi media cada toma es de una hora; le doy cinco al día.

Este niño aumentaba de 100 a 150 g de peso por semana durante los primeros meses, y eso era normal. Ahora, con cuatro meses, está aumentando 250 por semana, y eso no es normal, sino totalmente excesivo para su edad (puede ser normal en una semana aislada, pero no si se mantiene, más de un kilo al mes). Solo le queda llorar y vomitar. Si se sigue insistiendo, si se le amenaza con nuevos castigos o humillaciones para que no vomite, o si se recurre a un antiemético (medicamento que le impide vomitar), nuestro héroe está perdido.

El problema de las alergias

Uno de los motivos que pueden hacer que un niño se niegue a comer es que determinado alimento le siente mal. Las alergias a ciertos alimentos pueden llegar a ser peligrosas. La experiencia de Isabel nos muestra cómo el no reconocer los primeros síntomas de la alergia llevó al abandono innecesario de la lactancia materna y al agravamiento del problema:

Soy madre de un bebé de siete meses a la que he estado amamantando hasta ahora. Al principio fue algo maravilloso y si por mí hubiera sido, se hubiera alargado mucho más; pero al parecer mi hija quería que la leche fluyera más deprisa, y cuando llevaba cinco minutos mamando se ponía a llorar muy nerviosa. Ha sido una tarea difícil de llevar durante los tres últimos meses, pero yo pensaba que era lo mejor para ella y le he ido insistiendo hasta que ya no he podido más, ya que creo que la lactancia materna tiene que ser algo muy agradable tanto para el bebé como para la madre, y yo solo veía que mi hija sufría.

Al intentar introducirle leche adaptada, me llevé un susto terrible, porque al primer sorbo de biberón le empezaron a salir manchas rojas por toda la cara. Tuve que alargarle un poco más el pecho mientras le hacían unas pruebas de alergia.

Pruebas que, naturalmente, han sido positivas. Los síntomas que presentaba la hija de Isabel al tomar el pecho eran un indicio claro de alergia que nadie supo valorar. Ni siquiera retrospectivamente, cuando ya se había hecho el diagnóstico, supo nadie explicarle a Isabel cuál había sido el problema.

Muchas madres explican que su hijo «rechaza el pecho». Un bebé que antes mamaba normalmente desde hace unos días o semanas apenas mama cinco minutos, o menos, y luego llora. Esto puede corresponder a dos situaciones muy distintas:

A) La criatura empieza a mamar contenta, mama normalmente en cinco minutos o menos, suelta el pecho y parece satisfecha. Como a la madre le han dicho que ha de mamar diez minutos, piensa que necesita más e intenta que siga mamando. El bebé, naturalmente, se enfada y llora cuando intentan obligarle.

B) El bebé empieza a mamar más o menos contento, pero parece cada vez más incómodo, hasta que rompe a llorar y suelta el pecho. Muchas madres explican: «Es caerle la leche en el estómago, y se pone a llorar como si le doliese algo». Una descripción excelente, pues eso es exactamente lo que pasa.

El primer caso es totalmente normal, y corresponde al acortamiento natural de las mamadas a medida que el bebé crece, que explicaremos más adelante (véase «La crisis de los tres meses»). No hay que hacer nada, salvo reconocer que su hijo no necesita mamar más, y no intentar obligarle. Si a un bebé le intentan obligar durante semanas, es posible que le tome «manía» a mamar, y empiece a llorar incluso antes de que le obliguen, con lo que se haría más difícil distinguir el caso A del B. Pero haciendo memoria recordará que al principio se trataba de un caso A bien claro.

El segundo caso, en cambio, es claramente una alergia o intolerancia a algo que ha comido la madre. Casi siempre a la leche de vaca, aunque también podría ser al pescado, los huevos, la soja, las naranjas o algunos otros alimentos. Es el caso de Isabel. Si en aquel momento Isabel hubiera eliminado completamente la leche de vaca de su dieta, se hubiera ahorrado muchos llantos y sufrimientos, el susto de la grave reacción que tuvo su hija con el primer biberón, el destete innecesario y el calvario que representa alimentar a un bebé alérgico con una leche especial (que, aparte de ser carísimas, tienen un sabor repugnante, por lo que los bebés las rechazan).

¿Por qué la hija de Isabel se ponía a llorar cuando llevaba cinco minutos al pecho? Algunas proteínas de la leche de vaca (como de cualquier otra cosa que come la madre) pueden aparecer en su propia leche. Por supuesto, la cantidad de proteínas de vaca que aparece en la leche de la madre es mínima, y raramente es suficiente para dar una reacción general, con manchas rojas por todo el cuerpo, como ocurrió con el primer biberón. En vez de ello, los habones o manchas rojas aparecen solo en el lugar de contacto: en el esófago y estómago de la niña, que en pocos minutos se inflaman y pican. La madre no ve nada, pero la niña lo nota, ¡y vaya si duele!

Si su hijo tiene síntomas parecidos a los de la hija de Isabel, y a media mamada se pone a llorar como si le doliese algo (y no digamos si además tiene ronchas o eccemas), deberá hacer la prueba para saber si es alergia a la leche de vaca. Para ello, la madre ha de seguir dando el pecho, y dejar de tomar por completo leche, queso, yogur, mantequilla o cualquier otro derivado. Ni gota. Ni cualquier otro producto que en su composición pueda llevar leche, como la bollería, el pan de molde, los rebozados, el chocolate...; incluso algunas marcas de salchichón o jamón, o de margarina «cien por cien vegetal», llevan leche. Tendrá que convertirse en una experta en leer etiquetas, y rechazar cualquier producto que contenga «leche», «sólidos lácteos», «leche en polvo», «suero de leche», «lactosuero», «proteínas lácteas», etcétera.

Tendrá que estar de siete a diez días sin tomar ni gota de leche. No siempre el resultado es instantáneo; se ha comprobado que incluso después de cinco días sin tomar leche pueden seguir apareciendo proteínas de la vaca en la leche materna. No substituya la leche de vaca por leche de soja, pues la soja provoca casi tantas alergias como la leche.

Si en diez días los síntomas de su hijo no han desaparecido, probablemente no era alérgico a la leche de vaca. Tal vez sea alérgico a otra cosa; pruebe con el huevo y el pescado. Si los síntomas de su hijo son alarmantes y no quiere perder tiempo con pruebas, tal vez lo mejor es que de entrada suprima la leche, el huevo, el pescado, la soja y cualquier otro alimento sospechoso, y luego los vuelva a introducir uno a uno. Además, algunos niños son alérgicos a dos o más alimentos, y solo mejoran si la madre los suprime a la vez. Conocí, por ejemplo, a un bebé que resultó ser alérgico a la leche y al melocotón. Suerte que su madre se dio cuenta, porque, al dejar de tomar leche, desayunaba zumo de melocotón; y claro, el niño no mejoraba.

Si los síntomas de su hijo desaparecen al dejar de tomar leche, puede que sea solo por casualidad. Vuelva a tomar leche, a ver qué pasa. Pero no poco a poco, porque los síntomas podrían ser leves, y no saldría de dudas. Tome un par de vasos de leche al día: si no pasa nada, es que su hijo no era alérgico a la leche. Se «curó» por pura casualidad, y más vale no darle más vueltas. Es importante hacer esta prueba de reintroducción. Muchas veces se aconseja suprimir la leche de vaca sin apenas motivo, como si la pobre vaca tuviera la culpa de todos los llantos, todos los granitos o todos los mocos, y la madre pasa meses o años sin tomar leche, o tomando poca y con culpa y sin saber si eso afecta al niño o no.

Pero si cuando usted vuelve a tomar leche, su hijo vuelve a tener los mismos síntomas, la alergia está probada. Prepárese a darle el pecho todo el tiempo posible, mejor si son dos años o más, y no le dé ni gota de otra leche a su hijo, ni en biberón ni con las papillas, pues puede ocurrirle como a la hija de Isabel: si un niño es tan alérgico que incluso la pequeña cantidad que aparece en la leche materna le perjudica, el darle leche directamente puede provocar una reacción mucho más grave.

No todos los niños alérgicos son tan sensibles que reaccionen cuando la madre toma pan de molde, una magdalena o un salchichón que contiene un poco de leche. Para hacer la prueba es necesario hacer la dieta muy estricta, pues si no no saldría de dudas; pero más adelante tal vez pueda tomar alguno de estos productos sin que a su hijo le pase nada. Es posible que cuanto más estricta sea la dieta sin leche de la madre, antes se cure la alergia del niño, aunque no estamos muy seguros de este punto.

Si descubre que la leche estaba afectando a su hijo, explíqueselo a su pediatra, que, probablemente, le querrá hacer pruebas de alergia. Y no intente dar ni gota de leche o derivados a su hijo hasta nueva orden. Advierta a sus familiares y a la guardería. La alergia a la leche suele «curarse» sola, normalmente entre el año y los cuatro años; pero en algunos casos la prueba de darle leche al niño a ver si ya la tolera se debe hacer bajo control médico, en el mismo hospital.

¿De verdad no come nada?

Porque esa es otra... Hay niños de año y medio, como hemos comentado más arriba, que comen menos que uno de nueve meses. Pero también hay muchos que comen más, solo que su madre no se ha dado cuenta. La nutrición no es una ciencia infusa, y es fácil equivocarse de parte a parte al estimar las calorías que está tomando su hijo.

Uno de los errores más frecuentes es creer que «la leche no alimenta». Tanto la materna como la del biberón. Como son líquidas, la gente piensa que son poco menos que agua, cuando en realidad su contenido en calorías y proteínas es muy alto. Ya hemos explicado que muchas papillas de verduras con carne, y no digamos las de fruta, llevan muchas menos calorías que la leche. Veamos el caso de Alberto:

Mi hijo de trece meses no quiere tomar fruta sola; solo consigo darle pera o plátano con el biberón, y poca cantidad; no quiere zumos de ningún tipo ni sabor, rechaza las papillas de cereales, los yogures y cremas...

Desayuna, entre las 5 y las 7 de la mañana, 240 ml de leche con fruta. A veces antes de la comida toma 180 ml de leche con cereales. Entre las 12 y la 1 come puré de verdura con pollo, ternera, huevo o pescado. Merienda 210 ml de leche con fruta y fiambre de pavo (no quiere quesitos ni otra cosa, solo pan), cena sobre las 8.30 puré suave y 210 ml de leche con cereales.

El bueno de Alberto está tomando cada día 840 ml de leche, más fruta, puré de verdura con carne o pescado, fiambre de pavo, «puré suave», pan y cereales en dos de las tomas de leche. ¡Y su madre está preocupada por lo poco que come! Un niño de trece meses puede necesitar unas 900 kcal al día. Solo de leche ya está tomando 590 kcal, ¡y todo lo demás! Por suerte, el problema está en vías de solución, pues su madre se ha dado cuenta de lo principal: «... ya no le obligo a comer, es peor».

Conviene que los niños mayores de un año no tomen más de 500 ml de leche al día. Si toman más, no es que sea muy grave..., pero sepa que no le van a caber otras cosas. Por eso recomiendan muchos expertos que los niños criados con biberón no tomen ningún biberón más después de cumplir un año. Que tomen la leche en un vaso. Es un pequeño truco para que no tomen tanta leche; con el biberón entra demasiado fácil.

Los profesionales no son inmunes a esta curiosa creencia de que «la leche es agua», especialmente cuando se trata de leche materna. Vean si no lo que le ocurrió a Silvia:

> *Soy madre de un niño ¡ya! de dos años, que todavía toma el pecho, cosa que nos colma de satisfacción a los dos. Y todavía mama, a pesar de médicos, familiares y sociedad. Los dos primeros meses, el niño aumentaba bastante, pero, a partir de ahí, empezaron los problemas: mi hijo no quería mamar más que un poco, y he llegado a amamantarlo ¡bailando! El niño, con dos años, solo pesa 10 kg, pero es un crío sano, vivaz, con mucha fuerza. El problema es que no tiene hambre (no la conoce), y la gente me dice que no le dé el pecho y así comerá más, que la leche ya es «agua».*
>
> *Un dato: me extraigo la leche en el trabajo y la congelo; con ella le preparan un vaso con Meritene y cereales.*

Vemos la típica historia: el bebé que a partir de los dos meses engorda más despacio y mama más deprisa (véase «La crisis de los tres meses»). Y la madre a la que comen el coco haciéndole creer que eso no es normal, hasta tenerla completamente angustiada.

Un niño varón, que toma pecho, de dos años y 10 kg, necesita aproximadamente 812 kcal al día, y 8 g de proteínas (calculado con las cifras de estudios modernos;[4,10] muchos libros todavía dan los valores antiguos, bastante más altos. En la primera edición de este libro ponía 850 en vez de 812; pero para la segunda ya habían salido los nuevos y más precisos estudios de Butte, con cifras más bajas). Un vaso de 150 ml de leche materna con un sobre de Meritene (un concentrado proteico-energético usado para la alimentación de enfermos crónicos desnutridos) y 15 g de cereales lleva unas 300 calorías (más de la tercera parte de lo que el bebé necesita en todo el día) y 9 g de proteínas (más de lo que necesita en todo el día). Si a lo largo del día mama otros 400 ml, son 280 kcal más, y casi 4 g más de proteínas. Más lo que coma de otros alimentos... ¿le extraña a alguien que no tenga más hambre?

Muchas madres piensan que su hijo no come porque no toma las papillas «legalmente establecidas», sin darse cuenta de que está tomando otras cosas equivalentes o mejores. Vuelva a leer las explicaciones de la mamá de Alberto, hace un par de páginas: toma dos veces al día leche con cereales y come pan (¡sin quesito!). Pero su madre afirma que Alberto «rechaza las papillas de cereales».

Una anécdota ejemplifica a la perfección este error, «si no come la papilla, no come nada». Una madre me dijo un día desesperada: «Doctor, no hay manera de que coma fruta. He probado de todas las maneras: la fruta triturada, los potitos de fruta, los cereales de fruta, los yogures de fruta, los *petisuises* de fruta... nada». Puesto que el niño, sabiamente, los había rechazado, no quise liar más a aquella madre explicándole que los cereales con fruta y los yogures con fruta llevan muy poca fruta, o que los yogures «sabor a» fruta y los *petisuises* no llevan nada de fruta (solo azúcar y colorante). En vez de eso, sugerí tímidamente: «A veces no les gustan las papillas con todo mezclado. ¿Ha probado a darle la fruta separada, un poco de plátano o...?». «Sí —me interrumpió la madre—, eso sí que le gusta; coge un plátano con la mano y se lo come casi entero. Pero lo que no hay manera —insistió— es que se coma la papilla de fruta.»

Para aquella madre, comerse un plátano entero, si no formaba parte de una «papilla de fruta», era una pérdida de tiempo.

Por último, otro factor que lleva a muchas madres a no darse cuenta de que sus hijos sí que están comiendo mucho es la falta de conciencia sobre el elevado contenido calórico de algunos alimentos. Muchas veces, desesperada porque su hijo «no come», la madre acaba recurriendo a alguna chuchería, preferentemente con chocolate. No sé qué tiene el chocolate, que por muy lleno que estés casi siempre encuentras un hueco para meterlo (y eso también nos pasa a los adultos). Claro, el niño que no tenía hambre pero acepta una golosina se queda con menos hambre todavía, con lo que en la siguiente comida querrá comer todavía menos, y la pelea está servida.

Decíamos que un niño de dos años y 10 kg necesita unas 812 kcal al día (eso es la media, algunos necesitan bastante más y otros, bastante menos). Pues bien, si cada día se toma medio litro de leche (350 kcal), un bollicao (260 kcal), un yogur sabor fresa (110 kcal) y un zumo de piña de 200 ml (85 kcal), ya tenemos 805 kcal. Poco más le puede caber. ¿Y si añadimos un donut de chocolate (230 kcal)? ¡No le podrá dar ni un mordisco! ¿Dónde quiere usted meterle la fruta, la verdura, las legumbres, la carne...? Por supuesto, una dieta semejante sería totalmente inadecuada para un niño..., pero tendría calorías de sobra, por lo que el niño no podría tomar nada más.

Por tanto, si quiere que su hijo tome alimentos sanos, tendrá que dejar de darle «chuches». Limite la leche y derivados a medio litro al día o menos (para mayores de un año), no le dé para beber más que agua pura (ni más leche, ni zumo, ni mucho menos refrescos), y no le dé pasteles y golosinas más que en Navidad y otras fiestas de guardar.

capítulo
dos

Su hijo sabe lo que necesita

Todos los animales de este mundo comen lo que necesitan. No se encuentra uno, paseando por el campo, bichos muertos porque nadie les dijo que tenían que comer. Cada uno elige, además, la dieta adecuada para su especie; y es tan difícil encontrar a un conejo comiendo carne como a un lobo comiendo hierba.

Los adultos también comemos lo que necesitamos sin que nadie nos diga nada. Las personas que hacen mucho ejercicio comen más, y las que llevan una vida sedentaria comen menos, sin que ningún experto tenga que calcular las calorías y darles instrucciones por escrito. Sí, algunos tenemos cierta tendencia a la obesidad; pero cuando se piensa en lo que podría pasar y no pasa, se da uno cuenta de que nuestro sistema de control de la cantidad de comida es muy bueno. Si usted comiera cada día un poco más de la cuenta, y engordase 20 g diarios, al cabo del año habría ganado 7,3 kg, en 10 años 73 kg (¡más lo que ya pesa ahora!). Si, por el contrario, perdiese cada día 20 g, en ocho o nueve años se habría esfumado completamente, dejando en el suelo un montón de ropas vacías, como los fantasmas de las películas. Y, sin embargo, la mayoría de la gente consigue pesar lo mismo, kilo arriba kilo abajo, durante docenas de años.

Lo mismo en cuanto a la calidad de la dieta. El común de los mortales no sabe ni qué vitaminas necesita, ni qué cantidad de cada una de ellas, ni qué alimentos las contienen (sí, usted sabe que las naranjas llevan vitamina C; pero ¿dónde está la vitamina B1, la B12, el ácido fólico?); pero, a pesar de ello, prácticamente nadie, si no está pasando hambre por motivos ajenos a su voluntad, sufre el escorbuto, el beriberi, la anemia perniciosa o la xeroftalmia.

¿Cómo nos las arreglamos? Cada persona, cada animal, tiene mecanismos innatos que le hacen buscar los alimentos que necesita y comer la cantidad adecuada. ¿Qué nos hace pensar que nuestros hijos carecen de dichos mecanismos? Las crías de otros animales sí que los tienen. Si a un niño le dejan comer lo que quiere, es lógico pensar que comerá lo que necesita. Pero a aquellos a quienes los razonamientos teóricos no acaban de convencer, tal vez les interese saber que, además de ser lógico, está científicamente demostrado. En los siguientes apartados vamos a explicar cómo los niños eligen su dieta desde que nacen, cambiando la composición de la leche materna; y cómo unos meses después son capaces de elegir por sí mismos una dieta adecuada.

Leche materna a la carta. Por qué no maman según un horario regular

El horario de las mamadas es un mito. Hubo un tiempo en que se creyó que los bebés tenían que mamar cada tres horas, o cada cuatro horas (¡y diez minutos de cada lado, para mayor escarnio!). ¿Se ha preguntado alguna vez por qué diez minutos, y no nueve u once? Evidentemente, son números redondos. ¿Cómo han llegado algunos a creer que un «número redondo» era un «número exacto»?

Por supuesto, los adultos jamás comemos «diez minutos de cada plato cada cuatro horas». ¿Cuánto tardamos en comer un plato? ¡Pues depende de lo rápido que comamos, vaya cosa! A los niños les pasa igual: si maman rápido tardan menos de diez minutos, y si maman despacio tardan más.[11]

Si comemos a horas fijas es solo porque nuestras obligaciones laborales nos lo exigen. Normalmente, en los días festivos nos saltamos totalmente el horario habitual, sin que nuestra salud se resienta en lo más mínimo. Sin embargo, todavía hay gente que cree que los bebés se han de acostumbrar a un horario, con vagas referencias a la disciplina o la digestión.

La comida de los adultos puede esperar. Nuestro metabolismo nos lo permite, y la comida será la misma a una hora que a otra. Pero su hijo no puede esperar. Su sensación de hambre es imperiosa, y la comida cambia si se retrasa. Porque la leche materna no es un alimento muerto, sino un tejido vivo, en constante evolución. La cantidad de grasa en la leche aumenta mucho a lo largo de la mamada: la leche que sale al principio tiene poca grasa, y la que sale al final tiene hasta cinco veces más.

La cantidad media de grasa en la leche en una determinada mamada depende de cuatro factores: disminuye con el tiempo transcurrido desde la mamada anterior (cuanto más tiempo, menos grasa) y aumenta con la concentración de grasa al final de la mamada anterior, el volumen ingerido en la mamada anterior y el volumen ingerido en la mamada actual (la lectora curiosa puede consultar la excelente revisión de Woolridge sobre la fisiología de la lactancia).[12] El niño que toma dos pechos raramente se acaba el segundo, así que podríamos decir, simplificando mucho, que toma dos tercios de leche aguada, y un tercio de leche concentrada. En cambio, el que toma un solo pecho toma mitad de aguada y mitad de concentrada. Si toma leche con menos grasas (y, por tanto, con menos calorías), su hijo puede aceptar un volumen mayor, y por tanto tomar más proteínas... De modo que el bebé que toma 50 ml de cada pecho no está tomando lo mismo que el que toma 100 ml de un solo pecho; y la dieta del que toma 80 ml cada dos horas y del que mama 160 ml cada cuatro horas son totalmente distintas.

El control de la composición de la leche es todavía objeto de investigación, y lo que desconocemos es, probablemente, mucho más que lo que ya sabemos. Por ejemplo, se ha observado que un pecho suele producir leche con más proteínas que el otro. Tal vez sea pura casualidad... o tal vez su hijo pueda elegir, mamando más de un pecho o del otro, una comida con más o menos proteínas.

¿Creía que su hijo comía siempre lo mismo? ¿Pensaba que sería aburrido pasar meses tomando solo leche? Pues ya ve que con la leche materna no es así. Su hijo tiene a su disposición una amplia carta donde elegir, desde sopas ligeras hasta cremosos postres. Como no puede hablar (ni el pecho podría entenderlo, por otra parte), encarga su menú dando instrucciones al pecho mediante tres claves:

1. La *cantidad de leche* que toma en cada mamada (es decir, mamando más o menos tiempo con mayor o menor intensidad).
2. El *tiempo* entre una mamada y otra.
3. El tomar de *un solo pecho* o de *los dos*.

Lo que su hijo hace en el pecho es auténtica ingeniería, para obtener cada día exactamente lo que necesita. El control de su hijo sobre su dieta es total y perfecto cuando puede variar a voluntad las tres claves. En eso consiste la lactancia a demanda: que el bebé decida cuándo ha de mamar, durante cuánto tiempo y si ha de tomar un pecho o los dos.

Cuando se les impide controlar uno de los mecanismos, la mayoría de los bebés consiguen una dieta adecuada maniobrando hábilmente con los otros dos. Así, en un experimento,[13] a unos bebés les dieron siempre un solo pecho en cada toma durante una semana, y los dos pechos en cada toma en otra semana (el orden de las semanas era al azar). En teoría, los bebés hubieran ingerido muchísima más grasa a lo largo del día al tomar un solo pecho que al tomar dos. Sin embargo, los bebés modificaron espontáneamente la frecuencia y duración de las mamadas y consiguieron tomar cantidades similares de grasa (pero volúmenes distintos de leche).

Pero el bebé que no puede modificar ni la frecuencia ni la duración de las tomas, ni decidir si toma un pecho o los dos, está perdido: ya no tomará la leche que necesita, sino la que por casualidad «le toque». Si su dieta se aparta mucho de sus necesidades, el bebé tendrá problemas: su peso no será adecuado, o pasará el día hambriento y lloroso. Por eso la lactancia con horario raramente funciona, y el resultado es tanto más catastrófico cuanto más estricto se pretende imponer el horario. El bebé necesita mamar de forma irregular, porque solo así puede ingerir una dieta equilibrada.

Desde el primer día, aunque aparentemente esté tomando solo leche, su hijo ha estado eligiendo su dieta entre un amplio abanico de posibilidades, y ha elegido siempre con acierto, tanto en cantidad como en calidad.

Papillas también a la carta

En la década de 1920 la doctora Davis demostró, en una serie de experimentos, que los niños pueden elegir por sí mismos una dieta equilibrada.[14] Ofrecía a un grupo de niños, entre seis y dieciocho meses de edad, diez o doce alimentos distintos en cada toma. Eran alimentos puros, sin mezclar: zanahoria, arroz, pollo, huevo... Los niños comían la cantidad que querían del alimento que querían, sin que ningún adulto intentase controlar su ingesta. Los mayores comían solitos, a los más pequeños un adulto les daba sin la menor insistencia: empezaba con el primer plato hasta que el niño cerraba la boca, luego el segundo plato, y así hasta el final. Durante meses, el crecimiento de los niños fue normal, y su ingesta de nutrientes, adecuada a medio plazo, aunque las variaciones de una comida a otra eran tremendas, «la pesadilla de un dietista». Los niños comían a veces «como un pajarito» y a veces «como un caballo»; y pasaban por rachas en las que comían solo uno o dos alimentos durante días, para luego olvidarlos. De una u otra manera, al final se las arreglaban para consumir una dieta equilibrada.

Otros estudios más modernos han confirmado que los niños pequeños, cuando se les deja comer lo que quieren, tanto en condiciones de laboratorio[15] como en su propia casa,[16] ingieren una cantidad de calorías bastante constante cada día, aunque las variaciones de una comida a otra son enormes.

Pero ¿no se atiborrará de chocolate?

Hombre, claro, si le dejan sí. O, al menos, suponemos que sí, parece que no hay estudios científicos que lo demuestren. Igual resulta que solo se atiborran el primer día, y luego se hartan y siguen comiendo una dieta equilibrada.

A los niños (y a los adultos) les gustan mucho los dulces y los salados, y solemos consumir demasiado de ambas cosas. Si disponen de un mecanismo innato para comer lo que necesitan, ¿por qué los niños comen tantas «chuches»?

Para entender por qué falla a veces el mecanismo de control hay que tener en cuenta la teoría de la evolución. Cuando un animal come adecuadamente, vive más y tiene más hijos; por tanto, la selección natural favorece a aquellos animales que muestran una conducta alimentaria adecuada. Pero la selección natural tarda muchos miles de años en actuar, y la conducta que fue adecuada en un momento dado puede dejar de serlo si las circunstancias ambientales cambian.

¿Para qué les servía a los niños de la cueva de Altamira el gusto por lo dulce y por lo salado? No solo no había chocolate, sino que tampoco había ni sal ni azúcar. Lo más dulce que tenían era la leche materna, su principal alimento, y la fruta, cargadita de vitaminas. Lo más salado, probablemente, era la carne, una fuente importante de hierro y proteínas. Así, sus preferencias les ayudaban a elegir una dieta variada y equilibrada. Pero ahora tenemos caramelos mucho más dulces que la fruta, y «aperitivos» mucho más salados que la carne, y el mecanismo de selección se nos ha descompensado un poco.

Aun así, es sorprendente lo fuerte que es el instinto a la hora de elegir una dieta adecuada. Fíjese en la publicidad: cuanto más insalubre es un alimento, más lo tienen que anunciar. Aperitivos salados, dulces, refrescos... Algunas marcas, que ya venden millones, siguen haciendo anuncios a diario; saben que no pueden descansar ni un momento porque, si no se anunciasen, las ventas bajarían espectacularmente. En cambio, las lentejas, las manzanas, el arroz o el pan no se anuncian casi nunca, y la gente los sigue comiendo.

Por si acaso, los expertos[14] consideran en la actualidad que los niños pueden elegir una dieta sana, a condición de que les demos cosas sanas a elegir. Si usted ofrece a su hijo fruta, macarrones, pollo y guisantes, y deja que él elija qué y cuánto come, seguro que a la larga tomará una dieta adecuada..., aunque a lo mejor pasa dos días solo con guisantes y luego un día solo con pollo. Pero si le da a elegir entre fruta, macarrones, guisantes y chocolate, entonces nadie garantiza que su dieta sea equilibrada.

En definitiva: la responsabilidad de los padres se limita a ofrecer una variedad de alimentos sanos. La responsabilidad de elegir entre esa variedad y decidir la cantidad que ingiere de cada uno no corresponde a los padres, sino al hijo.

capítulo
tres

Qué no hay que hacer a la hora de comer

El ingenio de las madres a la hora de hacer comer a sus hijos no conoce límites (los padres suelen participar menos en este tema, probablemente más por indiferencia que por reflexión). Se comienza haciendo el avión con la cuchara. Luego viene distraer (muchas madres usan sin pudor la palabra «engañar») al niño con canciones, danzas, muñecos o la inevitable tele. Pronto siguen los ruegos («¡no le hagas esto a mamá!»), las promesas («si te lo comes todo, te compro un dinosaurio»), las amenazas («hasta que no te lo acabes no vas a jugar»), las súplicas («esta por mamá, esta por papá, esta por la abuelita»), las vidas ejemplares («¡mira a Popeye, cómo se come las espinacas!»). Se cuenta de unos padres que, al observar que su hijo se llevaba a la boca lo que encontraba por el suelo, tuvieron una idea genial: cada día lavaban bien el suelo y luego esparcían trocitos de tortilla de patatas.

Algunos métodos mueven a risa; pero otros mueven más al llanto, sobre todo al niño. Veamos algunos ejemplos:

La persistencia

Mi hijo de cinco meses y medio no me quiere aceptar la cuchara. Empecé a intentarlo a los cuatro meses, pero por mucho que lo intentaba (con mucha paciencia), el niño chillaba, escupía y lloraba. Así que tuve que ponerle el contenido de los potitos y papilla en el biberón. Ahora hay días que me come unas cuatro o seis cucharadas sin rechistar, ¡pero luego se acabó! Hace un par de días empecé a ponerle el chupete después de cada cucharada, y así se lo acaba todo.

¿Mucha paciencia? Esta es otra confusión. Paciencia sería haber aceptado que su hijo todavía no quería papillas. Esta madre no ha sido muy paciente, sino muy insistente (si su hijo pudiera hablar, probablemente usaría una palabra más fuerte, «pesada» como mínimo). Al ponerle el chupete después de cada cucharada, el reflejo de succión le juega al niño una mala pasada: en vez de escupir, se lo traga. Lleva un par de días, y parece que funciona; pero seguro que pronto dejará de funcionar. El niño enfermaría si siguiese comiéndoselo todo durante mucho tiempo, y la naturaleza raramente permite que eso ocurra. Encontrará la manera de escupir, a pesar del chupete, o aprenderá a vomitar.

Las incursiones nocturnas

Tengo una niña de trece meses que tiene un comportamiento un poco extraño a la hora de comer, y es que no come, es decir, que aunque le doy distintas cosas, ella no se molesta en probarlo (como si le asustara la comida). Pero lo raro es que si por último le hago un biberón también lo rechaza, pero si luego dormida se lo vuelvo a dar, entonces sí se lo toma entero (con cereal incluido), 600 o 700 ml de leche con cereales es lo que toma en 24 horas. Ella es una niña que nunca parece tener hambre. ¿Puede aborrecer la comida un niño al que nunca se le ha obligado a comer?

¿Nunca se la ha obligado a comer? ¿Y cómo se llama entonces a enchufarle más de medio litro de leche con cereales mientras duerme? Por supuesto, la gente no ata a su hijo a la silla. Cuando hablamos de obligar o forzar a un niño, nos referimos a todos los métodos, por las buenas o por las malas. Por cierto, ¿cómo se puede esperar que durante el día tenga hambre una niña que ha tomado más de medio litro de leche con cereales mientras dormía? Seguro que no le cabe nada más.

Las odiosas comparaciones

Según una conocida historia apócrifa, Caín era «mal comedor». Mientras le hacía el avión (¿o el pterodáctilo?) con la cuchara, Eva solía animarle diciendo: «¡Vamos, sé bueno! ¡Mira a tu hermano Abel, cómo se acaba la verdurita!». Ya sabe lo que pasó después, ¿verdad?

Pocas veces nos damos cuenta de cuánto molestan a nuestros hijos estas comparaciones. Y también a los otros niños con quienes los comparamos. «Mira a Mónica, ya se ha acabado el bocadillo.» Y nuestra hija furiosa, y la pobre Mónica intentando disimular mientras piensa «trágame, tierra».

¿Le gustaría que se lo hicieran a usted? Imagínese tomando el café y charlando con su mejor amiga. En esto, entra su marido y le espeta: «A ver si aprendes a cuidarte un poco. Fíjate en Encarna, qué bien se peina, y cómo tiene el cutis, y lo delgada que está. Tú siempre has de ir por ahí hecha una dejada». Y se va, tan tranquilo, y usted se queda con Encarna, aquí paz y después gloria... ¿Cuál de las dos sería la primera en hablar?

Como padre, he tenido que pasar más de un sofoco a la salida de la escuela, cuando entrego a mis hijas el bocadillo de la merienda. A alguna madre se le ocurre tomar a mis hijas como ejemplo: «Mira qué bocata tan grande se va a comer Fulanita...». ¿Qué hago yo ahora? ¿Disimulo y me escabullo, o corro detrás y le explico que el bocata se lo va a comer si quiere, que a veces se deja la mitad y que a veces no lo prueba, que ya cuento con comer varios restos de bocadillo y que esa es *mi* merienda...?

Los sobornos

A muchos padres desesperados les parece una buena idea «comprar» a su hijo para que coma. El doctor Illingworth, en la obra que ya hemos citado, menciona el caso de un niño que reunió una extensa colección de coches en miniatura.

Curiosamente, alguien se ha molestado en investigar la eficacia de este tipo de sobornos. En un experimento[14] se ofreció un nuevo alimento a dos grupos de niños. A unos se les prometía un premio si lo probaban. A los otros se les puso simplemente delante, y que hicieran lo que quisieran. Al cabo de unos días, los niños a los que se habían ofrecido premios consumían menor cantidad del nuevo alimento que los otros. Y es que habría que ser tonto para no darse cuenta: «No debe de estar muy bueno, cuando me ofrecen un premio».

Tampoco es conveniente usar la comida en sí como premio o como castigo. «Si te portas bien te compro un helado» o «como le has pegado a tu primo no comerás pastel». Creo que es un error dietético sumado a un error pedagógico. De entrada, aunque el premio fuera un juguete y el castigo fuera no ir al circo, pienso que no es la mejor manera de educar a un niño. Un niño hará el bien por la satisfacción que eso produce, y no necesita más premio que la aprobación de sus padres (y pronto ni eso, porque tendrá la aprobación de sí mismo, que es la más importante); y se abstendrá de hacer el mal cuando comprenda que eso perjudica a otros. Las personas buenas, las personas con una conciencia moral superior (y los niños pequeños tienen de eso, no le quepa duda) no necesitan ni premios ni castigos. Y un adulto que solo actuase movido por la esperanza del premio o el temor al castigo sería un hipócrita y un aprovechado, haciendo el bien cuando le miran y el mal a escondidas. Cuando lleve a su hijo al zoo, no estropee la ocasión con frases como «es un premio porque esta semana recogiste los juguetes», frase que además es mentira, y usted lo sabe. Sabe perfectamente que le llevaría al zoo de todos modos, que le lleva por amor, porque es su hijo y le quiere haga lo que haga, sin condiciones, y desea hacerle feliz y disfrutar juntos el fin de semana. ¿Por qué ocultarle a su hijo ese amor, y fingir que solo es un premio?

Volviendo a la comida, además del problema pedagógico con el que quizá no esté de acuerdo, el usarla como premio o castigo añade un problema nutricional. Porque el premio nunca serán las acelgas, y el castigo nunca será el chocolate, sino al revés, idealizando cada vez más precisamente aquellos alimentos de los que su hijo no debería abusar.

La situación más ridícula, si se para a pensar, es aquella de «como no te acabes los garbanzos, no vas a comer pastel». Cada vez que oigo una frase de este estilo tengo que hacer esfuerzos para no echarme a reír. Si el niño ya no tiene hambre, ¿cómo pretende que, además de los garbanzos, se coma el pastel? Lo lógico sería precisamente al revés: «como hoy has comido muchos garbanzos, mejor que no comas postre», o bien «deja ya los garbanzos, acuérdate de que tenemos pastel».

Se ha comprobado experimentalmente que cuando los niños tienen a mano un determinado alimento, pero no se lo dejan comer, les gusta cada vez más.[17] Dicho de otro modo, si los caramelos están en casa, pasarse el día diciendo «ya está bien de comer caramelos» solo consigue que los pidan cada vez más. Si quiere que su hijo no se acostumbre a los caramelos, probablemente lo mejor es que no haya en casa, y así no hará falta mencionarlos.

Estimulantes del apetito

Tenemos un bebé de casi once meses que nos tiene muy preocupados. Desde que nació, no ha comido bien (solo le pude dar pecho mes y medio) y a los tres meses ya le teníamos que dar el biberón con la cuchara porque no lo quería comer y era la única manera de meterle algo. A los cinco meses le llevé a un pediatra nuevo que me recetó un estimulante del apetito llamado Pantobamin, que le fue estupendo el mes y medio que se lo estuvimos dando, pero al dejarlo volvimos a lo mismo. Después, a los nueve meses, se lo volvimos a dar y no le hizo el mismo efecto, pero comía mejor. Pero ahora desde que se lo dejamos de dar es mucho peor, porque hace lo que no había hecho nunca, que es vomitar; además desde que le metemos la cuchara (desde la primera) empieza con unas arcadas que creo que es de preocupar porque el día que no me vomita el desayuno vomita la comida, si no la merienda, y si nos hemos librado, seguro que es la cena. La hora de la comida se ha convertido en un infierno. Su madre, que es la que más está con él, necesita un psiquiatra, porque además le angustia mucho la comida porque dice que no va a crecer como los demás.

Existen en el mercado dos tipos de estimulantes del apetito: los que funcionan y los que no.

1. Los que *no funcionan* son combinaciones más o menos fantasiosas de vitaminas y cosas raras, habitualmente con un nombre impactante que hace referencia al metabolismo, al crecimiento, al dinamismo, a las transfusiones o a algo por el estilo. Son el equivalente moderno de aquel «Tónico Curalotodo del Doctor McFulano» que venden los charlatanes en las películas del Oeste (de hecho, algunos también llevan alcohol). En general, en dosis pequeñas y durante periodos cortos son bastante inocuos; pero no siempre están exentos de peligro. Siempre puede haber una alergia a alguno de sus componentes o a sus excipientes y colorantes, y se han descrito efectos tóxicos de algunas plantas «estimulantes», como el ginseng. Además, algunas vitaminas y minerales pueden ser tóxicos si se consumen en exceso.

Casi todos los médicos están de acuerdo en que estos «tónicos» son absolutamente inútiles, pero muchos los recetan como placebo. Un placebo (en latín 'complaceré') es un falso medicamento que se da al paciente para que esté contento. A veces, dar una receta «y que se calle» es más fácil y rápido que explicarle al paciente la verdad. También es cierto que algunos pacientes exigen un medicamento sea como sea, y a veces el médico tiene que rendirse y recetar un placebo inofensivo por temor a que el paciente se compre por su cuenta un medicamento más peligroso (en España, por desgracia, es muy fácil conseguir medicamentos sin receta). Por cierto, si quiere que no le manden placebos, en esta o en otras situaciones, es buena idea decírselo al médico desde el primer momento, y recordárselo de vez en cuando: «No me gusta darle medicamentos al niño sin necesidad; si usted cree que lo que tiene se le curará solo, no hace falta que le recete nada». Muchos pediatras responderán con una amplia sonrisa de alivio.

2. Los que *sí funcionan* son harina de otro costal. Casi todos contienen ciproheptadina (mezclada con diversas vitaminas para distinguir unas marcas de otras).

Es preciso tener en cuenta que las «ganas de comer» no están en el estómago, como el amor no está en el corazón. El apetito está en (o está controlado por) el cerebro. La ciproheptadina (y algún pariente, como la dihexazina) actúa sobre el centro cerebral del apetito, lo mismo que las pastillas para dormir actúan sobre el cerebro. La ciproheptadina es, en realidad, un psicofármaco; y sus principales efectos secundarios van en este sentido: somnolencia (un efecto frecuente, que puede afectar al rendimiento escolar), sequedad de boca, dolor de cabeza, náuseas; y más raramente, crisis hipertensivas, agitación, confusión o alucinaciones, y disminución de la secreción de hormona de crecimiento (¡bajito y gordo, para redondear el éxito del tratamiento!). La intoxicación (si el niño pilla el frasco y decide tomárselo todo) puede producir sueño profundo, debilidad e incoordinación muscular, convulsiones y fiebre.

Por supuesto, estos efectos secundarios graves son muy raros; no los explicamos para que se asuste si alguna vez le ha dado uno de estos jarabes a su hijo (si le contásemos todos los posibles efectos secundarios de medicamentos tan habituales como la amoxicilina o el paracetamol, también se llevaría un buen susto). Siempre que se toma un medicamento se está asumiendo un riesgo; lo importante es que, cuando uno está enfermo y necesita tratarse, el riesgo es muy inferior al beneficio. El problema de los estimulantes del apetito es que los niños que lo toman ni están enfermos ni necesitan tratamiento; el beneficio es nulo, y cualquier riesgo, por pequeño y remoto que sea, resulta inadmisible.

Pero, sin duda, el mayor peligro de la ciproheptadina es, precisamente, que sí funciona: el niño come más. Más de lo que necesita, más de lo que le conviene. Por suerte, el efecto desaparece tan pronto como se deja de tomar el medicamento, y la mayoría de los niños vuelven a perder en pocos días el peso que habían ganado (si habían ganado algo). Este «efecto rebote» suele demostrar a la familia que el medicamento es inútil, y lo dejan de usar. Pero algunas caen en la tentación de seguir usándolo de forma continuada, durante meses e incluso años. ¿Qué efecto puede tener sobre un niño el comer más de la cuenta durante meses o años, y además hacer menos ejercicio físico debido a la somnolencia? Nada bueno, seguro.

También se han usado hierbas y diversos productos «naturales» para hacer comer a los niños. Todos ellos, por muy «naturales» que sean, pueden clasificarse en uno de los dos grupos anteriores: los que funcionan y los que no (el problema es que a veces no tenemos datos suficientes para distinguirlos). Si no funcionan, ¿para qué perder el tiempo y el dinero? Y si funcionan, sus peligros serán similares a los de la ciproheptadina. Primero, porque si de verdad aumentan el apetito, probablemente actúan sobre el cerebro. Segundo, porque no se puede hacer que un niño coma más de lo necesario sin que, a la larga, eso perjudique su salud.

Afortunadamente, parece que ya han pasado de moda las quinas y otras bebidas alcohólicas que se usaban hace unos años para abrir el apetito. Ni que decir tiene que nunca debe darse alcohol a un niño.

En definitiva, los estimulantes del apetito son inútiles cuando no funcionan y peligrosos cuando funcionan, su efecto es pasajero y tienen efecto rebote. No se han de usar jamás.

Un testimonio de primera mano

¿Qué nos contarían nuestros hijos si pudieran hablar? Tal vez algo así:

Desde que cumplí nueve meses empecé a notar a mis padres algo pesados con la comida. Hasta entonces, mis padres me daban de comer bastante bien; pero empezaron a querer darme otra cucharada cuando yo ya había acabado, y un día intentaron meterme una cosa gelatinosa y repugnante que llamaban «sesito» y decían que era de mucho alimento. Al principio eran hechos aislados, y no le di mucha importancia. A veces, para verles contentos, me comía la cucharada de más, aunque luego me encontraba pesado toda la tarde y tenía que tomar una cucharada menos por la noche. Ahora me arrepiento, y pienso si no debí ser más estricto desde el principio. ¿Será verdad eso que dicen de que, si cedes ante tus padres aunque solo sea una vez, se malcrían y luego siempre están exigiendo? Yo siempre había pensado que educaría a mis padres con paciencia y diálogo, lejos de los autoritarismos del pasado..., pero ahora, a la vista de lo sucedido, ya no sé qué pensar.

El verdadero problema empezó hace un mes y medio, cuando yo tenía diez. De repente, empecé a encontrarme mal. Me dolía la cabeza, la espalda y la garganta. Lo de la cabeza era lo peor, cualquier ruido resonaba y me recorría el cuerpo de abajo arriba y de arriba abajo. Cuando la abuela me decía «Cuchi Cuchi» (ella me llama

Cuchi Cuchi, y a mí, la verdad, casi me gusta más que Jonathan) sentía que mi cabeza iba a estallar. Y, para colmo, en vez de desahogarme llorando, como otras veces, mi propio llanto me resonaba en los oídos y cada vez estaba peor. Esa especie de plastilina amarillenta que a veces aparece en mi pañal (no sé de dónde saldrá, pero mamá nunca me deja jugar con ella) también cambió; olía mal y me escocía el culito. Alberto, un amigo del parque, que ya tiene trece meses, me dijo que eso era un virus y que no tiene importancia; pero mis padres no deben de entender tanto de eso como Alberto, porque parecían preocupados, como si no supieran qué hacer.

Durante casi una semana, es que no podía ni tragar. Suerte del pecho, que siempre entra bien; pero lo que es las papillas, se me ponía como una cosa aquí en la garganta que acababa vomitando. Y lo extraño es que ni siquiera tenía hambre. Yo les decía a mis padres lo que pasaba, pero no entendían nada. A veces me desespero con ellos, y pienso que ya va siendo hora de que aprenda a hablar. Todo lo entendían al revés. Yo lloraba flojito y largo, diciendo «abrázame todo el rato» y ellos me dejaban en la cuna. Yo ponía cara de «hoy, la verdad, no me apetece nada» y ellos venga a darme más comida. Yo hacía muecas de «una cucharada más y vomito» y ellos se enfadaban y gritaban, y decían no sé qué de «marranadas».

Por suerte, el dolor de cabeza y todo eso solo duró unos días. Pero mis padres no han vuelto a ser los mismos. Siguen empeñados en darme comida que no quiero. Y no ya una cucharada más, como antes; ahora pretenden que coma el doble o el triple de lo normal. Se comportan de una manera muy rara; tan pronto están eufóricos y hacen el indio con la cuchara gritando «¡el avión, mira el avión, brrrrrruum!» como se ponen agresivos y me intentan abrir la boca a la fuerza, o les entra la depre y se ponen a gimotear. Pensé si no sería el virus, si no les estaría doliendo también la cabeza y la espalda. Sea lo que sea, el caso es que la hora de comer se ha convertido en un verdadero suplicio; solo de pensarlo me entran ganas de vomitar, y se me quita la poca hambre que tengo...

capítulo
cuatro Calendario de alimentación

Es imposible dar, con base científica, unas recomendaciones detalladas sobre alimentación infantil. Los comités de expertos que han abordado el tema han sido extraordinariamente cautos, y sus conclusiones, muy inespecíficas:

Las recomendaciones de la ESPGHAN

La Sociedad Europea de Gastroenterología y Nutrición Pediátricas[18] (ESPGHAN, antes llamada ESPGAN) publicó en 1982 unas normas sobre alimentación complementaria. Expertos de nueve países, tras revisar cientos de estudios científicos, llegaron a siete recomendaciones, que transcribimos textualmente:

1. Al aconsejar, hay que tener en cuenta el ambiente sociocultural de la familia, la actitud de los padres, y la calidad de la relación madre-hijo.
2. En general, el *beikost* no debe introducirse antes de los tres meses ni después de los seis meses. Se debe comenzar con pequeñas cantidades, y tanto su variedad como su cantidad deben aumentarse poco a poco.
3. A los seis meses, no más del 50 por ciento de la ingesta energética debe provenir del *beikost*. Durante el resto del primer año,

la leche materna, la leche artificial o los productos lácteos equivalentes deben darse en cantidad no inferior a los 500 ml al día.

4. No hay necesidad de especificar el tipo de *beikost* (cereales, frutas, verduras) que debe introducirse primero. A este respecto, deben tenerse en cuenta los hábitos nacionales y los factores económicos. No es necesario hacer recomendaciones detalladas sobre la edad en que deben introducirse las proteínas animales distintas de la leche; pero probablemente es mejor retrasar hasta los cinco o seis meses la introducción de ciertos alimentos altamente alergénicos, como los huevos y el pescado.

5. Los alimentos con gluten no deben introducirse antes de los cuatro meses. Incluso puede ser recomendable retrasarlos más, hasta los seis meses.

6. Los alimentos con un contenido en nitratos potencialmente alto, como las espinacas o la remolacha, deben evitarse durante los primeros meses.

7. Se tendrá especial cuidado con la introducción del *beikost* a los niños con una historia familiar de atopia, en los que los alimentos potencialmente muy alergénicos deben ser estrictamente evitados durante el primer año.

Aunque las normas de la ESPGHAN están redactadas en inglés, emplean la palabra alemana *beikost* para referirse a cualquier cosa que tome el bebé y no sea ni leche materna ni leche artificial. Incluye, pues, zumos e infusiones, papillas, galletas, biberones espesados con harina o bocadillos de chorizo. La expresión equivalente en español sería *alimentación complementaria*, y en inglés hablan habitualmente de *solids*. Por una traducción excesivamente literal, muchos libros traducidos del inglés hablan de «la introducción de los sólidos». Siempre hay algún espabilado que se agarra a este error (o matiz) como a un clavo ardiendo: «Ves, los sólidos a los seis meses, pero no dice nada de los líquidos. El zumo de naranja y las dos cucharadas de harina en cada biberón se han de dar mucho antes». Pero debe quedar claro que, en esta acepción, el inglés *solids* se refiere también a alimentos líquidos o pastosos, del mismo modo que al hablar de «la primera papilla» nos podemos referir a algo que no esté triturado. Nada hasta los seis meses, ni biberones «espesados», ni zumos, ni manzanilla... Nada.

En el año 2008, la ESPGHAN (han añadido la H de Hepatología) publicó un nuevo documento.[19] Transcribimos íntegras sus recomendaciones finales:

— La lactancia materna exclusiva o completa durante unos 6 meses es un objetivo deseable. La alimentación complementaria no debe introducirse en ningún lactante antes de las 17 semanas, y todos los lactantes deberían haber comenzado la alimentación complementaria a las 26 semanas.

— El término «alimentación complementaria» debe abarcar todos los alimentos sólidos y líquidos distintos de la leche materna, los preparados (leche) de inicio o los de continuación. El Comité sugiere que incluir los sucedáneos de la leche materna entre los alimentos complementarios no ayuda en nada y puede causar confusión.

— Aunque hay motivos teóricos por los que diferentes alimentos complementarios pueden tener particulares ventajas para los lactantes con lactancia materna o con lactancia artificial, el Comité considera que los intentos para diseñar y aplicar recomendaciones separadas para los lactantes con lactancia materna y artificial pueden presentar considerables dificultades prácticas y son por tanto indeseables.

— No se ha demostrado de forma convincente que evitar o retrasar la introducción de alimentos potencialmente alergénicos, como el pescado y los huevos, reduzca las alergias, ni en los lactantes considerados con riesgo para el desarrollo de alergia ni en aquellos no considerados con riesgo.

— Durante el periodo de alimentación complementaria, más del 90 por ciento de las necesidades de hierro de los lactantes amamantados debe ser cubierto por los alimentos complementarios. Estos deben proporcionar suficiente hierro biodisponible (fácil de absorber).

— La leche de vaca es una mala fuente de hierro. No debe usarse como bebida principal antes de los 12 meses, aunque se pueden añadir pequeñas cantidades a los alimentos complementarios.

— Es prudente evitar la introducción precoz (antes de los 4 meses) o tardía (después de los 7 meses) del gluten, e introducir el gluten gradualmente mientras el lactante todavía toma el pecho, porque ello puede reducir el riesgo de celiaquía, diabetes tipo I y alergia al trigo.

— Los lactantes y niños pequeños que reciben una dieta vegetariana deben recibir una cantidad suficiente (unos 500 ml) de leche (materna o artificial) y productos lácteos.

— Los lactantes y niños pequeños no deben recibir una dieta vegana (vegetariana estricta, sin leche ni huevos).

Hay que reconocer que, como resumen final, no es muy específico. En el texto aparecen algunas otras recomendaciones que no se han abierto paso hasta la lista final:

— Introducir los alimentos de uno en uno.

— Introducir alimentos sin triturar antes de los diez meses.

— No añadir sal y azúcar, restringir los zumos (por su exceso de azúcar).

Las recomendaciones de la AAP

La Academia Americana de Pediatría (AAP),[20] publicó unas recomendaciones sobre alimentación infantil en 1981. Como las europeas, no daban ninguna norma detallada sobre orden o cantidades de los distintos alimentos. La introducción de las nuevas comidas no se hace tanto en función de la edad como del grado de desarrollo del bebé, que está listo para empezar a tomar otros alimentos cuando:

— Es capaz de sentarse sin ayuda (sería muy difícil dar de comer a un niño que se cae para los lados).

— Pierde el reflejo de extrusión, que hace que los niños expulsen la cuchara con la lengua. Probablemente, la utilidad originaria de este reflejo es impedir que los bebés traguen moscas, piedras y porquerías: hasta que tienen suficiente discernimiento para distinguir lo que se come y lo que no, por si acaso lo escupen todo. Pocos espectáculos tan penosos como una madre intentando dar una papilla a una criatura que todavía tiene reflejo de extrusión: papilla en el babero, en el pañal, en el pelo del niño, en el pelo de la madre, en la trona, en el suelo..., papilla por todas partes menos en la boca del angelito.

— Muestra interés por la comida de los adultos. Un día u otro, cuando la vea comer, su hijo intentará coger un poco.

— Sabe mostrar hambre y saciedad con sus gestos. Al ver acercarse una cuchara, el niño que tiene hambre abre la boca y mueve la cabeza hacia adelante. El que está saciado cierra la boca y mueve la cabeza hacia un lado. De esta forma, la madre sabe que su hijo ya no quiere comer más. Cuando el bebé es aún demasiado pequeño para mostrar claramente su saciedad, se corre el riesgo de que la madre, sin darse cuenta, le dé más comida de la que su hijo quería. Puesto que nunca, nunca, nunca se ha de obligar a comer a un niño, no hay que dar papillas a ningún bebé que aún no sepa negarse a comer cuando no tiene más hambre.

También insisten los norteamericanos en la necesidad de introducir los nuevos alimentos de uno en uno, en pequeñas cantidades y con una semana de separación por lo menos. Así se puede ver qué tal le sientan.

Estas normas de 1981 han caducado, ya no están entre las recomendaciones en vigor de la AAP, pero tampoco han sido substituidas por otras del mismo rango. Lo que tal vez indica la poca importancia que da la AAP al tema: los niños pueden alimentarse sin necesidad de que existan unas recomendaciones oficiales.

Sí que está en vigor la recomendación de la AAP sobre lactancia materna,[21] que en lo que nos concierne ratifica la de 1997.[22] En lo referente a la alimentación complementaria, recomienda:

— Lactancia materna exclusiva y a demanda hasta los seis meses.

— Añadir otros alimentos (preferentemente ricos en hierro) a partir de los seis meses, continuando la lactancia materna, como mínimo, hasta el año, y luego durante todo el tiempo que madre e hijo deseen.

Las recomendaciones de la OMS y el UNICEF

Estos organismos internacionales recomiendan,[23] entre otras cosas:

— Dar exclusivamente leche materna hasta los seis meses.

— Ofrecer otros alimentos complementarios a partir de los seis meses, aproximadamente.

— Seguir dando el pecho, junto con otros alimentos, hasta los dos años o más.

— Dar alimentos variados.

— Hasta los doce meses, dar el pecho antes de los otros alimentos.

— Los menores de tres años deberían comer cinco o seis veces al día (al menos).

— Dar preferencia a alimentos ricos en calorías, en hierro y en vitamina A. Si es preciso, añadir un poco de aceite o mantequilla a las verduras, para que tengan más calorías (por supuesto, si lo tenemos a mano, el aceite de oliva es preferible a otros aceites o a la mantequilla).

Ciencia ficción y alimentación infantil

Como vemos, las recomendaciones de los expertos de todo el mundo no son nada detalladas. No hay ninguna pista sobre el orden de los distintos alimentos, la edad a la que se introduce cada uno, y mucho menos la cantidad, la hora del día o el día de la semana en que se deben dar al bebé. Sin embargo, es fácil leer normas increíblemente detalladas. Por ejemplo:

«A la 1 de la tarde, un puré de verduras con 50 g de zapata, 30 g de patanoria, 30 g de frisantes. Los lunes, miércoles y viernes, añadir media pechuga de pimpollo; los martes, jueves y sábados, 50 g de fígado...

»A las cinco de la tarde, media nera, media plazana, medio mántano, el zumo de media paranja...».

Hemos usado nombres de alimentos imaginarios para evitar que alguna madre, leyendo rápido, encontrase la receta y se la apuntase.

Seguro que alguna vez habrá oído o leído instrucciones similares a estas. Hasta es posible que haya intentado seguirlas. ¿Nunca le ha asaltado la curiosidad? ¿Por qué, por ejemplo, la fruta por la tarde y no por la mañana? ¿Por qué 50 g de patatas, y no 40? ¿Cereales a los seis meses y fruta a los siete, o primero la fruta y los cereales después? ¿Medio plátano grande, o medio plátano pequeño? ¿Por qué media pera y media manzana, y no un día una pera y otro día una manzana?

Si alguna madre ha intentado formular en voz alta alguna de estas preguntas, tal vez haya obtenido un confiado «porque sí», o un conciliador «en realidad, no importa», o incluso un embarazoso silencio. Algunas madres han escuchado respuestas realmente originales.

Una amiga francesa, por ejemplo, que vive en España, preguntó a su pediatra si era imprescindible mezclar cinco frutas en la misma papilla, pues en su país (o, al menos, en su ciudad) la costumbre era dar una fruta distinta cada día. «Es que esta es una mezcla perfectamente equilibrada», le respondieron.

En otras ocasiones, hemos oído decir que los cereales se han de mezclar necesariamente con leche, porque si se preparan solo con agua, su densidad calórica (es decir, la cantidad de calorías por mililitro) será demasiado baja. La idea es ingeniosa, pero deja un misterio sin resolver: ¿por qué no añadimos leche a la fruta o a la verdura, cuya densidad calórica es mucho más baja que la de los cereales?

Es curioso, además, que las recomendaciones detalladas casi nunca coincidan. No han coincidido a lo largo de los años (véase el apéndice «Un poco de historia»), y no coinciden en la actualidad. En distintos libros, en distintos países, en distintas ciudades, en distintos barrios, se dan calendarios de alimentación totalmente distintos. He conocido un centro de salud en el que trabajaban cuatro pediatras. Las enfermeras eran las encargadas de entregar a las madres las instrucciones por escrito sobre la alimentación de su hijo. «¿Cuál es su pediatra?», preguntaban antes de entregar la hoja. ¡Había cuatro hojas distintas!

¿Por qué los verdaderos expertos no dan normas más detalladas sobre la alimentación de los niños? Porque solo pueden hacer recomendaciones que tengan una base científica. No siempre será una base totalmente sólida y siempre estará sujeta a revisión por nuevos descubrimientos..., pero, al menos, alguna base.

Decimos, por ejemplo, que los niños que solo toman pecho no necesitan beber agua porque en distintos experimentos en climas cálidos, incluso desérticos, se ha comprobado que los niños que toman pecho (a demanda, claro) y no toman agua están perfectamente. Decimos que las «infusiones para bebés», esos polvitos que se echan en agua para hacer «manzanilla», no les convienen nada a los bebés porque se han observado cientos de casos de caries graves causadas por su alto contenido en azúcares.

Decimos que no hay que dar nada más que el pecho hasta los seis meses porque en un estudio científico[24] distribuyeron al azar a unos bebés en dos grupos. Unos tomaban solo pecho hasta los seis meses, y entonces empezaban con papillas (además del pecho).

Otros empezaban con las papillas a los cuatro meses. Los que tomaron papillas antes no engordaron más ni se observó ninguna ventaja; pero se comprobó que tomaban menos pecho. Todavía no se ha hecho ningún estudio científico comparando la primera papilla a los seis meses o a los ocho meses, es posible que en los próximos años tengamos nuevas sorpresas.

Decimos que los alimentos con gluten se introduzcan en pequeña cantidad porque se ha visto que, cuando se introducen de golpe, algunas criaturas tienen ataques graves de celiaquía (una enfermedad del intestino que es más grave cuanto más joven empieza).

Decimos que se retrasen los alimentos más alergénicos (como la leche, los huevos, el pescado o la soja) porque se ha visto que, cuando estos alimentos se introducen demasiado pronto, hay más peligro de que el niño se vuelva alérgico a ellos.

Pero ¿qué datos tenemos para recomendar los cereales antes que la fruta, o al revés? Ninguno. Solo opiniones personales de distintos señores: «Yo creo que hay que empezar por los cereales porque llevan más proteínas». «Tonterías, hay que empezar por las frutas, que llevan más vitamina C.»

Para salir de dudas, necesitaríamos hacer un experimento: darles a cincuenta niños primero la fruta, y a otros cincuenta los cereales, y ver qué pasa. Por supuesto, todas las demás papillas y otras circunstancias deberían ser idénticas en los dos grupos.

Nadie ha hecho todavía tal experimento. Ni, probablemente, nadie lo hará jamás.

Supongamos que alguien hace el experimento. ¿Cuál es el resultado a medir? ¿La mortalidad infantil? No, claro, ningún niño moriría con ninguna de las dos dietas. ¿Con qué dieta tienen más alergia? Eso serviría para comparar la fruta con el pescado; ya se ha hecho, y por eso damos más tarde el pescado. Pero entre fruta y cereales, por todo lo que sabemos, no habría mucha diferencia en cuanto a alergias. ¿Qué comida les gusta más, cuál aceptan mejor, cuál vomitan menos? Suponiendo que haya diferencias, probablemente serán individuales; a unos les gustará más la fruta y a otros los cereales. Más vale hacer pruebas y darle a su hijo lo que a él le guste, no lo que les gustó al 70 por ciento de los niños en un experimento.

Claro que no todos los efectos tienen que verse a corto plazo. Si esperamos unos meses, quizá aparezcan diferencias entre ambos grupos. Tal vez al año unos pesen más que otros, por ejemplo. Pero eso nos plantea una difícil decisión: ¿es mejor la dieta con la que engordan más, porque evita la desnutrición, o la dieta con la que engordan menos, porque previene la obesidad? En la mayor parte del mundo, el problema grave es la desnutrición; pero en los países industrializados casi nadie muere desnutrido, mientras que la obesidad es la auténtica epidemia, con graves consecuencias para la salud.

Tal vez lo importante no es ver cuáles están más gordos o más delgados, sino cuáles están más sanos. ¿Esperamos un poco más, a ver cuáles caminan antes, o cuáles empiezan a hablar más rápido y con un mayor vocabulario? Claro que ¿de qué sirve empezar a hablar antes, si luego suspenden en la escuela? ¿Y de qué sirve sacar mejores notas en la escuela, si luego no encuentran trabajo? Y al cabo de los años, ¿influirá la dieta que ha tomado el niño en su estado de salud? ¿Tendrá más o menos colesterol, más o menos cáncer, más o menos infartos...?

Total, que nuestro estudio científico puede durar treinta o cincuenta años... y, probablemente, no encontremos ninguna diferencia importante entre los que empezaron por la fruta y los que empezaron por los cereales. O tal vez sí, tal vez encontremos diferencias; entonces, tendremos un nuevo problema: ¿qué hacemos con el resultado?

Imaginemos, por ejemplo (todo lo que sigue es absolutamente inventado), que los niños que han empezado por la fruta pesasen 150 g más al año que los que empezaron por los cereales; comenzasen a andar tres semanas antes, sacasen peores notas en matemáticas a los diez años, pero mejores notas en sociales a los quince años; sufriesen menos paro a los veinticinco, pero tuviesen empleos peor pagados; tuviesen el colesterol más alto, pero la presión más baja; sufriesen un 15 por ciento más de cáncer de estómago a los cuarenta años, pero un 20 por ciento menos de artrosis a los cincuenta...

Usted es la madre, tiene todos estos datos en la mano, supuestamente del todo fiables y seguros, y ha de tomar una decisión: ¿comienza con la fruta o con los cereales?

Claro que nos hemos puesto un poco pesimistas; hemos supuesto primero que no encontramos ninguna diferencia importante; y luego que hay diferencias significativas, pero en distinto sentido, y que prácticamente llegan a anularse. Existe una tercera posibilidad (aunque muy remota): que nuestro estudio descubriese diferencias claras entre las dos dietas. Imaginemos que estuviera científicamente demostrado, más allá de toda duda, que los que empiezan por la fruta son, toda su vida, más sanos, guapos, listos y felices que los que empiezan por los cereales. Averiguarlo nos ha costado más de cincuenta años. Ofrecemos, felices y orgullosos, nuestros resultados al mundo. Y, en vez de un baño de agradecimientos, recogemos una inundación de nuevas preguntas: ¿y si empezamos con la verdura, o con el pollo? ¿Empezamos a los seis meses, o a los siete, o a los siete y medio...? ¿Empezamos por la manzana, o por la pera, o por el plátano? En mi país no se cultivan manzanas y peras; ¿empiezo por el mango, la piña o la papaya? ¿Media manzana, o una entera? ¿Golden, starkin o reineta? ¿Tienen las mismas vitaminas si están recién recogidas que si son de cámara frigorífica? ¿Con piel, porque lleva más vitaminas, o pelada, porque en la piel están los pesticidas? Tendríamos que iniciar un nuevo estudio científico para responder a cada una de estas preguntas.

Por eso empezábamos este apartado diciendo que tales estudios nunca se han hecho ni se harán. Jamás tendremos la respuesta.

SEGUNDA PARTE

QUÉ HACER SI YA NO COME

capítulo cinco
Un experimento que cambiará su vida

Su hija no come. Lleva así meses, quizá años. Lo ha probado usted todo, pero la situación no mejora. Espera usted con terror la hora de la comida, y la mayor parte de los días acaban las dos llorando.

Su hija no va a cambiar. No, al menos, hasta que su propio cuerpo le pida más comida, tal vez hacia los cinco años o tal vez en la adolescencia. Su hija de tres años no puede venir mañana, o el lunes que viene, y decir: «Mamá, he estado pensando, y he decidido que a partir de ahora me comeré todo lo que me pongas sin rechistar. De este modo comprenderás que te quiero mucho, y espero que nuestra relación mejore tras este gesto de buena voluntad». Su hija no es capaz de pensar algo así; y si lo hiciera sería incapaz de mantener su promesa (pues, como ya hemos explicado, es físicamente incapaz de comer más de lo que necesita sin enfermar).

Por tanto, la única esperanza de cambio viene de usted. Usted sí que puede decirle a su hija: «Hija mía, he estado pensando, y he decidido que a partir de ahora no intentaré obligarte a comer cuando no tengas hambre, ni comidas que te den asco». Y usted sí que puede (aunque, desde luego, le va a costar) mantener su palabra.

Quede bien claro que no estamos proponiendo un nuevo método para que su hija coma más. Comerá lo mismo que antes, sobre poco más o menos. Se trata de que se lo coma contenta y feliz y en un tiempo razonable, y no en dos horas de llantos, peleas y vómitos.

Quede también claro que no estamos hablando de rendir a su hija por hambre. La idea no es: «Eres una niña mal educada, así que ahora me llevo el plato y sabrás lo que es pasar hambre. Cuando quieras comer, me lo pedirás por favor». Esto, además de injusto, sería peligroso; es iniciar con su hija una carrera de «a ver quién es más tozuda», y a eso suelen ganar los niños. En un par de ocasiones he visto (o más exactamente, me lo han contado años después) fallar el método de «no obligar al niño a comer»; en ambos casos se usó como un castigo (aunque no se pronunciasen exactamente esas palabras, o incluso aunque no se pronunciase ninguna palabra).

Todo lo contrario, lo que propugnamos es el respeto a la libertad y la independencia de los niños. El enfoque correcto es: «¿No tienes más hambre, reina? Muy bien, pues lávate los dientes y vete a jugar».

Para la mayoría de las madres, sobre todo cuando llevan años de lucha en torno a las comidas, resulta muy difícil hacer este cambio, dejar de obligar a sus hijos. Todos los cambios son difíciles. Y el asunto de la comida es especialmente angustioso. He conocido a madres que, los primeros días en que intentaron no obligar a sus hijos, tuvieron que salir a llorar a otra habitación. Usted piensa, honestamente, que su hija no comería si no la obligara. Piensa que cogería una anemia, o incluso que «se moriría de hambre».

Pero su hija no puede hacer ¡flop! y morirse de hambre. Para enfermar gravemente, su hija tiene primero que perder peso. Mucho peso. Recuerde cómo perdió peso cuando nació; muchos niños pierden un cuarto de kilo en dos días y lo vuelven a recuperar antes de una semana, sin ningún problema. Si su hija no come, perderá peso. Tiene que perder mucho para que realmente exista un peligro. Esos niñitos desnutridos de África que vemos en las fotografías han perdido (o nunca han ganado) 5 o 7 kg.

Por tanto, existe un medio muy sencillo con el que usted puede controlar el estado de salud de su hija y asegurarse de que no corre ningún peligro: una simple báscula. Mientras su hija no pierda un kilo de peso, no habrá ningún problema. Digo un kilo (tal vez algo menos en bebés pequeños, digamos un 10 por ciento de su peso), porque oscilaciones menores del peso son totalmente normales, y acabaría loca si les hiciese caso. Si pesa a su hija antes y después de beberse un vaso de agua, habrá ganado un cuarto de kilo. Y si la pesa antes y después de hacer pipí y caca, habrá perdido casi medio. Menos de un kilo no tiene importancia, y está todavía muy lejos de lo que podría ser peligroso.

Incluso si no le acaban de convencer los argumentos expuestos en este libro, incluso si sigue convencida de que su hija, «si no la obligan, no come», le ruego que pruebe el método, como un experimento. No tiene nada que perder. Lleva meses o años así, lo ha probado todo. Si tiene usted razón, si al no obligarla su hija no come nada, perderá un kilo, y lo perderá muy rápido (un recién nacido puede perder 250 g en dos días a pesar de tomar el pecho o el biberón, así que su hija puede perder un kilo en menos de una semana, si de verdad no come nada). Si tiene usted razón, el experimento solo habrá durado una semana o menos. Vuelva a obligar a su hija como antes, y rápidamente recuperará el dichoso kilo. Y tendrá usted derecho a contarle a todas sus vecinas que el libro del doctor González es una tontería.

Pero si tengo razón yo, si al dejar de obligarla su hija no pierde un kilo, querrá decir que ha comido lo mismo obligándola que sin obligarla. ¿Cuántas horas dedica usted a darle el desayuno, la comida, la merienda y la cena a su hija? Muchas madres dedican más de cuatro horas al día, cuatro horas de llantos, gritos y vómitos. Ahora, su hija podrá tardar alrededor de una hora al día en hacer las cuatro comidas, y parte de ese tiempo usted ni siquiera tendrá que estar presente. Piense en las cosas que puede hacer con el tiempo sobrante: leer libros, escribirlos, estudiar piano... o, simplemente, hacer otras cosas más agradables con su hija. Dedicar esas horas a contar cuentos, dibujar, hacer construcciones, jugar, ayudarla con los deberes... Si el experimento funciona, su vida, la de su hija y la de toda su familia van a cambiar.

En resumen, el experimento es el siguiente:

1. Pese a su hija en una báscula.
2. No la obligue a comer.
3. Vuelva a pesarla al cabo de un tiempo.
4. Si no ha perdido un kilo, siga sin obligarla a comer y vuelva al paso 2.
5. Si ha perdido un kilo, se acabó el experimento. Haga lo que quiera.

Algunas puntualizaciones importantes

La báscula

Una simple báscula de baño servirá, si funciona bien. También puede pesarla en la farmacia. Siempre en la misma báscula, y con la misma ropa (o sin ropa). Se ahorrará preocupaciones si la pesa a la misma hora del día, pero no es imprescindible. Puede pesar a su hija todas las veces que quiera. Yo la pesaría, como mucho, una vez por semana, pero si está usted muy preocupada, puede pesarla cada día. Pero no intente, bajo ningún concepto, obligar a comer a su hija si no ha perdido un kilo. Naturalmente, el experimento se hace cuando el niño está sano; si tiene una diarrea importante, la gripe o la varicela, es fácil que pierda un kilo, tanto si le obliga como si no.

No obligar a comer

Por ningún método, con ninguna estratagema, ni por las buenas ni por las malas. Ya sé que usted no ata a su hija a la silla ni le da latigazos. Al decir «no la obligue» queremos decir que no le haga «el avión» con la cuchara; que no la distraiga con canciones o con la tele; que no le prometa cosas si se lo acaba todo, ni la amenace con castigos; que no le ruegue ni suplique; que no apele a su amor filial o la intercesión de la abuelita; que no la compare con sus hermanos ni hable de niñas «buenas» y «malas»; que no condicione el postre a haberse acabado los otros platos...

Ejemplo práctico de cómo no obligar a comer a un niño

Supongamos que hoy hay macarrones, bistec con patatas y de postre, plátano.

«¿Quieres macarrones?» «Sí.» ¿Cuántos macarrones suele su hija comer antes de empezar la pelea? ¿Cinco? Pues póngale tres en su plato. ¡Tres! No tres cucharadas o tres montones, sino tres macarrones. Déjela que coma ella solita, con sus deditos o con su tenedor si sabe usarlo.

Si se los acaba, no hace falta que le pregunte: «¿Quieres más macarrones, mi vida?». No hace falta, si quiere más, los pedirá. Si al cabo de unos minutos no se los ha comido, le pregunta: «¿Ya está, no quieres más?». Si le dice que no, se lleva el plato sin hacer mala cara ni recriminaciones. Si le dice que sí, pero no se los come, adviértale amablemente que o se los come de una vez o se lleva el plato, y hágalo así si pasa un tiempo prudencial y no da signos de comérselos. Los primeros días, su hija estará tan acostumbrada a tardar dos horas en comer que el cambio puede cogerla por sorpresa; sea flexible y si insiste en que le vuelva a dar el plato, es mejor que ceda.

Si su hija estaba acostumbrada a que le metieran la comida en la boca, procure no dar pie a que el dejarla comer sola parezca un castigo o falta de cariño. Si ella le pide que le dé, puede darle. Si ve que no come, pero tampoco permite que le retire el plato, puede ofrecerse amablemente: «¿Quieres que te ayude a comer?». Pero no le dé usted de comer si ella no lo ha pedido o aceptado, y deje de darle tan pronto como empiece a negarse.

También puede ser que, de entrada, no quiera ni probar los macarrones. Pues sin inmutarse, sin una palabra más alta que otra, le ofrece el segundo plato.

Tanto si ha comido cinco macarrones como si no se ha comido ninguno, vuelta a empezar con el segundo plato: preguntarle si quiere, ponerle en el plato menos de lo que piensa (por su experiencia anterior) que va a comer sin rechistar. Recuerde que el trozo de bistec que comen algunos niños de dos o tres años es (si están realmente hambrientos) del tamaño de un sello de correos. Y si quiere solo patatas, pues solo patatas.

He puesto el ejemplo con dos platos porque en muchas familias es la costumbre. Pero en otras se suele comer un solo plato, y me parece perfecto, y en modo alguno estoy sugiriendo que tenga que preparar dos.

Cuando ya no quiere más del segundo plato, se pasa al postre. No intente sobornarla con el postre («si te acabas la carne, te doy helado de chocolate»), ni extorsionarla («hasta que no te acabes la carne no hay helado»); mucho menos ridiculizarla («bueno, aquí está el postre; pero si tanta hambre tenía la señorita, podía haber comido más carne») o culpabilizarla («claro, yo me mato en la cocina preparando la comida, pero la señora prefiere un yogur»). Si tampoco quiere postre, a jugar.

Recuerde que el tamaño de los postres industriales está pensado para un adulto. Cuando usted come un yogur, se come uno, no media docena. No puede esperar que su hija de tres años coma lo mismo. A lo mejor se lo come, y no hay problema (pero, claro, será plato único). Pero si antes ha comido otras cosas, es poco probable que se coma más de una cuarta parte del yogur. No es razonable esperar que se lo acabe todo. Que no le vengan con tonterías de «a mí me daban dos», porque no es cierto.

Del mismo modo, cuando usted come plátano, naranja o manzana, probablemente se come solo una fruta. Nadie coge el racimo de plátanos y va arrancando, como si fueran uvas. No es razonable pretender que su hija se coma un plátano o una manzana entera, a no ser que sea plato único.

No use tampoco el castigo de: «Pues ahora te guardo estos macarrones y hasta que no te los comas, fríos y secos o como estén, no comerás ninguna otra cosa». Para cenar, dele lo que haya de cena, como a todo el mundo. (Por supuesto, en muchos hogares se aprovechan los restos de la comida para cenar. Hágalo si es lo normal en su casa, pero no lo haga como castigo, ni lo presente como un castigo.)

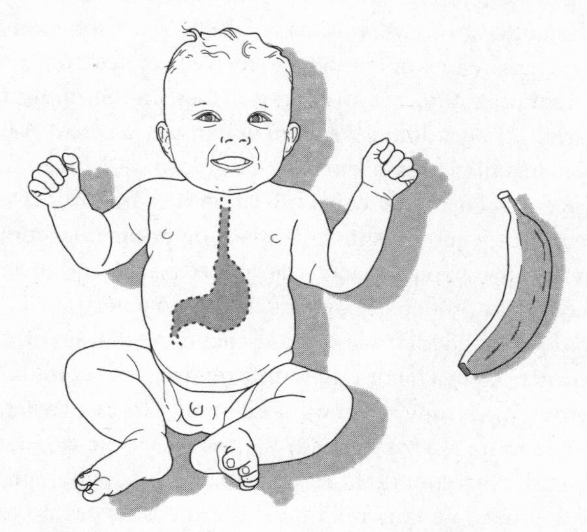

Un niño de nueve meses y un plátano, a la misma escala. ¿Dónde cree que lo mete?

Supongamos que su hija no desayuna nada, no come nada, no merienda nada, no cena nada. ¿Le preocupa lo que le pueda pasar? Pues pésela. Si no ha perdido un kilo, siga igual. Es buen momento para reflexionar sobre la marcha del experimento:

¿seguro que no hay otros miembros de la familia intentando obligar a su hija? ¿Seguro que no han cambiado la fuerza física por pullas, indirectas y otras presiones psicológicas?

Sin embargo, es muy poco probable que su hija realmente pase todo el día sin comer. Casi seguro que comerá algo; y casi seguro que ese algo vendrá a ser parecido a lo que comía antes del experimento. De modo que, si la pesa al día siguiente, probablemente no habrá ni ganado ni perdido.

También es posible que, sorprendida por la nueva libertad, su hija no coma nada a la hora de comer, y al cabo de un par de horas le entre hambre. Puede darle de comer «entre horas», siempre y cuando sean cosas «sanas»; desde la misma comida que antes rechazó (si es que ahora le apetece, nunca como castigo), hasta cualquier alimento normal que tenga a mano: un plátano, un yogur, un bocadillo... Procure evitar dos errores: el primero, cambiar los alimentos normales por golosinas. El segundo, convertirse en esclava de la cocina. Una cosa es no obligar a su hija a comer y otra muy distinta, después de pasar una hora preparando los macarrones, tener que pasar otra hora en la cocina porque su hija prefiere espaguetis. Si a un miembro de la familia, sea cual sea su edad, no le gusta el menú del día, no está obligado a comerlo, pero tendrá que conformarse con «comida rápida» (al menos hasta que aprenda a cocinar). Todo privilegio lleva aparejada una responsabilidad, y al privilegio de cocinar lo que uno quiere corresponde la responsabilidad de aguantar las protestas si el resto de la familia quiere otra cosa. Para no tener que preparar un doble menú y evitar peleas, muchos padres acabamos cocinando solo lo que a nuestros hijos les gusta. Los macarrones, el arroz con tomate y las patatas fritas se convierten así en los principales alimentos de las familias con hijos pequeños.

A estas alturas, tal vez esté preocupada por la educación y los buenos modales. La comida no se tira, me enseñaron de pequeño, y me parece razonable exigir que los niños se acaben lo que han pedido..., pero no lo que otros han pedido por ellos. Además, los niños pequeños pueden equivocarse y pedir más de lo que realmente iban a comer; con el tiempo ya irá afinando. También es habitual entre los adultos comerte lo que te den, aunque no te guste; y cuando comemos en casa de otra persona todos disimulamos y nos aguantamos (aunque muchos adultos no tienen ningún reparo en dejar el plato casi lleno en un restaurante). Pero ¿lo hacíamos a los cinco años? En algunas familias se exige que nadie se levante de la mesa hasta que los padres han acabado. Si alguna de estas normas de urbanidad le parece importante, por supuesto que debe enseñársela a su hija..., pero no ahora. Ahora se trata de solucionar un problema grave; tiempo habrá más adelante de enseñar, con cariño y paciencia, los buenos modales. No se puede esperar que un niño de tres años se comporte como una persona mayor.

¿Y qué puedo hacer mientras tanto para no tener que tirar la comida que sobra? Pues no ponerle tanta comida en el plato, es evidente. Su hijo no comerá cada día lo mismo, claro; pero si usted le pone una cantidad adecuada, solo sobrarán unas pocas cucharadas de vez en cuando, y se las puede comer usted misma si le da pena tirarlas. Pero si cada día le sobra medio plato, entonces es que le está poniendo el doble de lo que necesita su hijo. Es usted la que está tirando la comida, por empeñarse en servir unas raciones que ya sabe que su hijo no va a comer.

Pero ¿de verdad funciona esto?

La historia de Adriana y su hijo Juan es un perfecto ejemplo de la dimensión del sufrimiento a que puede llegar una familia cuando les dicen que han de obligar a comer a su hijo, y de lo fácilmente que se puede solucionar con un poco de sentido común.

Desde el principio le pusieron obstáculos para dar el pecho a su hijo; las mismas enfermeras que se negaron a llevarle el niño hasta seis horas después del parto, pese a sus peticiones, le dijeron después: «Si no te coge el pecho, no puede estar tantas horas sin comer»; y le dieron un biberón.

La típica historia: biberones, ictericia, pérdida de peso, grietas...

Me di por vencida después de que el pediatra y la enfermera se rieran de mí por seguir intentándolo.

Pero esta vez no fue tan fácil. Juan no se tomaba la cantidad de biberón que le «tocaba», no seguía la curva de peso, visitó a varios pediatras, probó todas las marcas de leche (incluyendo la leche antirreflujo y la antialérgica). Ingresó en el hospital, le hicieron dos gastroscopias, pruebas de alergia, enema opaco, análisis...

Y por fin encontraron una excusa y una patología, un mamelón pilórico, que al parecer le podría obstruir parcialmente la salida del estómago (pero no era totalmente seguro, era lo único que le encontraron). Aleluya, por fin nos decían algo.

Después vino el estreñimiento, los supositorios, las lavativas, los Micralax, le adelantaron las papillas para ver si le gustaban, potitos, sobres que eran purés, y un sinfín de comida tirada a la basura para nada.

El niño ha ido creciendo y engordando muy lentamente, vomitando cada día, regañándole, amenazándole, sobornándole, cantando, saliendo al balcón, azotes en el paquete, juguetes, teatro, cuentos, etc.

Con dos años y nueve meses, Juan pesaba 12 kilos, vomitaba, tenía «problemas de conducta», había ido al psicólogo, le seguían revisando en gastroenterología... Fue entonces cuando su madre leyó la primera edición de este libro.

Nuestra vida ha cambiado por completo, ahora come incluso más que antes, y al principio estaba un poco desorientado, como aluci-

nado de que no le forzáramos a terminarse el plato, incluso parecía que lo sentía, como si nos hubiéramos vuelto locos o algo así. Come más, mejor, incluso me pide comida a deshora, el cambio fue fulminante, desde el mismo día de empezar a aplicarlo. [...]

El tema del carácter ha mejorado notablemente, pero queda mucho por hacer, por reparar, ahora está en una etapa difícil, pues también está un poco celoso de su hermana, pero supongo que es algo normal; pero una cosa sí que creo que le ayuda, cada día me saco leche para él y le doy un vasito de mi leche (70 o 90 ml) con cacao, y él ve que me la saco para él y que es la misma que toma su hermana, y creo que le reconforta. También he notado que desde que le doy mi leche no se ha resfriado ni una sola vez, ya hace más de un mes. [...]

Me parece indignante que tanto mi hijo como mi familia hayamos tenido que pasar por todo esto, siendo mi hijo completamente sano y normal.

Claro que leer este libro no siempre resulta tan efectivo, y si no que le pregunten a Aurora:

Justo fue terminar de leer el libro y dejar mi hija de comer. Sigue tan alegre y feliz.

Le juro que no fue culpa de mi libro. Lo que ocurre es que Aurora lo leyó precisamente cuando su hija tenía doce meses, y ya hemos explicado qué es lo que suele pasar a esa edad.

TERCERA PARTE

CÓMO PREVENIR EL PROBLEMA

capítulo

seis

El pecho sin conflictos

Un consejo muy claro

Como casi todos los problemas, los conflictos con los niños en torno a la comida son mucho más fáciles de prevenir que de tratar. El título y el contenido de este libro difícilmente atraerán la atención de las parejas embarazadas, o de los padres de niños pequeños que todavía comen. La mayoría de mis lectores (¿o debería decir lectoras?) serán madres desesperadas porque su hijo «no come» desde hace meses.

Pero no pierdo la esperanza. A lo mejor está usted embarazada, o su hijo es aún pequeño, y este libro se lo ha prestado y recomendado una amiga o cuñada que ya pasó por ello. O tal vez piensa usted tener otro hijo, y le gustaría no volver a pasar por lo mismo.

Esta sección contiene, por tanto, algunos consejos sobre cómo dar de comer a su hijo sin que surjan conflictos.

El consejo no puede estar más claro:

No obligue a comer a su hijo.
No le obligue jamás, por ningún método,
bajo ninguna circunstancia, por ningún motivo.

Este consejo solo ocupa tres líneas, y podría usted pensar que es poca cosa para lo que ha pagado por el libro. Así que me extenderé un poco más. Pero todo lo demás es accesorio; si en cualquier momento se pierde en mis divagaciones y necesita volver a lo esencial, vuelva a este consejo.

Confíe en su hijo

Volvamos al principio. Tras nueve meses de espera, tiene por fin en brazos a su hijo. ¡No se mueva! Aunque algunos se empeñarán en intentar convencerla de lo contrario, en brazos es donde mejor está.

Para no tener conflictos desde el principio, lo principal es fiarse de su hijo. Su hijo sabe si tiene hambre, el reloj no. La mayoría de los niños maman entre ocho y doce veces al día, irregularmente distribuidas. Suelen tardar en cada pecho 15 o 20 minutos en las primeras semanas, mientras aprenden, pero hacia los dos o cuatro meses suelen mamar muy rápido, en 5 o 7 minutos o incluso menos. Esto es lo que hace la mayoría, siempre hay alguno que bate récords, por mucho o por poco. Si le da el pecho cuando lo pida y le deja el tiempo que quiera, su hijo siempre tendrá la leche que necesita.

El pecho se da a demanda

En otro capítulo hemos explicado ya por qué. Recordará que los bebés difícilmente maman con un horario regular, porque es precisamente la variación del horario lo que les permite modificar la composición de la leche para adaptarla a sus necesidades.

Dicen que nuestra civilización tiene miedo a la libertad; y tal vez por eso mucha gente no acaba de aceptar eso de la lactancia a demanda, e intenta ponerle límites. Y lo triste es que a veces los límites se ponen con tanta sutileza que parece que digan lo mismo, pero no es lo mismo. Por ejemplo, los siguientes errores típicos:

Primer error: *Dale el pecho a demanda, es decir, nunca antes de dos horas y media ni más tarde de cuatro.*

Eso no es a demanda. Eso es un horario flexible, y menos da una piedra, pero no es a demanda. ¿Por qué no va a poder mamar antes de las dos horas y media? ¿Nunca le ha ocurrido que acaba de comer, se encuentra a una amiga por la calle y entran en algún sitio a tomar un café? ¿O acaso le dice usted a su amiga: «Toma tú café si quieres, que yo te haré compañía; pero es que solo hace media hora que he comido, y no me vuelve a tocar hasta las cinco»?

Segundo error: *En las primeras semanas es recomendable dar el pecho a demanda, pero luego tu hijo irá cogiendo su propio ritmo.*

No todos los niños cogen un ritmo. Y entre los que lo cogen, muy pocos siguen el ritmo de marcha militar que la frase sugiere (ni cada dos horas, ni cada tres, ni cada cuatro). Es más fácil que el ritmo elegido sea de chachachá: varias mamadas muy seguidas, otras más separadas, alguna pausa más larga...[25] El ritmo de la lactancia se manifiesta, cuando existe, de un día a otro: si Laura suele mamar muy seguido por las mañanas y dormir una buena siesta por la tarde, es probable que mañana vuelva a hacer lo mismo. Pero también puede que la sorprenda, y eso es precisamente lo bonito de tener hijos. Son personas, no robots.

Tercer error: *Procura irle alargando entre toma y toma.*

Eso tampoco es a demanda. ¿Por qué hay gente tan obsesionada con separar las tomas? Si su hijo quiere mamar, y usted quiere darle, ¿por qué se ha de meter nadie a controlar? ¿Ha de alargarle también entre beso y beso? ¿Le gustaría a usted que le fueran «alargando» entre domingo y domingo, o entre día de cobro y día de cobro, o entre vacaciones y vacaciones? Tal vez los empresarios serían muy felices con un domingo cada diez días, pagando una mensualidad cada cuarenta y tres días y dando un mes de vacaciones cada año y medio; pero ni siquiera se les ocurre proponerlo. Pues bien, su hijo respondería con la misma indignación si pudiera hablar y se enterase de que alguien pretende «alargarle las tomas». (Para más detalles sobre las desventajas de «espaciar las tomas», véase más adelante el apartado «¿Es malo comer entre horas?».)

La crisis de los tres meses

Hacia los dos o tres meses, decíamos, los bebés han adquirido tanta práctica que pueden mamar en solo cinco o siete minutos, algunos incluso en tres. Si nadie ha avisado a la madre de que esto iba a ocurrir, si la han engañado con lo de los diez minutos, ella pensará que su hijo no ha comido lo suficiente, como pensó Encarna:

Tengo una niña de cuatro meses. Mi problema es que no sé si come suficiente, puesto que está solo de tres a cuatro minutos en cada pecho, y me da miedo que sea porque no recibe suficiente leche. Cuando tenía dos meses comía unos diez minutos de un pecho más cinco del otro, y ganaba muy rápidamente; en cambio ahora parece que se ha quedado un poco corta en su curva de crecimiento.

Ahora noto que mis pechos no están tan llenos como antes, que incluso goteaban.

Lo que me desconcierta es que en los primeros minutos traga mucho y rápido, y después empieza a coger y dejar el pecho, no se está quieta. Tengo que ir alternando los pechos y probar diferentes posturas para conseguir que se esté unos diez minutos entre ambos. Me pregunto si lo hace porque quiere más o no.

Otro punto es que me parece que ahora aguanta menos horas de una toma a otra, especialmente por la noche, que dormía cinco o seis horas seguidas y ahora tres o máximo cuatro.

Su pediatra me ha dicho que puedo empezar a darle leche artificial en biberón, pero lo he probado y no los acepta, aunque se los dé otra persona.

Esta madre nos explica a la perfección todos los aspectos de la «crisis de los tres meses»:

1. El bebé, que antes mamaba en diez minutos o más, ahora acaba en cinco o menos.
2. El pecho, que antes se notaba hinchado, ahora está blando.
3. La leche, que goteaba, ya no gotea.
4. El aumento de peso es cada vez más lento.

Todo esto es absolutamente normal. La hinchazón del pecho en las primeras semanas tiene poco que ver con la cantidad de leche, y es más bien una inflamación pasajera cuando las mamas se ponen en marcha. La hinchazón y el goteo son «problemas de rodaje» y desaparecen cuando la lactancia está cómodamente establecida.

Y el aumento de peso es cada vez más lento, por supuesto. Los bebés engordan cada mes un poco menos que el anterior. Por eso las curvas de peso son curvas, si no serían rectas. Entre el mes y los dos meses, las niñas que toman el pecho suelen ganar, según las tablas de la OMS, entre 500 g y 1500 g, con una media de unos 1000 g (pasamos por alto el primer mes, porque al haber una pérdida y luego una recuperación de peso, las cifras son demasiado variables). Si siguieran ganando al mismo ritmo, en un año harían entre 6 kg y 18 kg, con una media de 12 kg. En realidad, en el primer año las niñas ganan aproximadamente entre 4,5 kg y 7 kg, con una media de casi 6 kg. Es decir, incluso una niña que ganase en el primer mes 500 g (lo que a muchos les parecería poquísimo, pero en realidad es normal) llegará un momento en que ganará todavía menos. Todos los pesos anteriores, insistimos, son redondeados y aproximados. En los varones suelen ser un poco más elevados que en las niñas.

Claro que la hija de Encarna no quería biberones: no tenía hambre. Por desgracia, no todos los bebés muestran este pundonor, y a veces, sobre todo si se les insiste, aceptan un biberón aunque no tengan hambre. ¡No haga la prueba, por si acaso!

Si alguien hubiera explicado a Encarna lo que le iba a pasar, no se habría preocupado lo más mínimo. Pero el cambio la tomó por sorpresa.

Con sorpresa y todo, si Encarna estuviera segura y confiada en su capacidad para lactar, tampoco se habría preocupado. Porque la interpretación más lógica y razonable de estos cambios sería: «Tengo tanta leche que mi hija con tres minutos tiene bastante». Pero el temor al fracaso de la lactancia es tan grande en nuestra sociedad que, pase lo que pase, la madre siempre pensará (o le dirán) que no tiene leche.

También desvela esta mamá otro mito moderno: el de que los niños, con el paso del tiempo, «aprenden» a dormir cada vez más. En realidad, los niños pasan cada vez más tiempo despiertos. Es cierto que algún día dormirá más horas seguidas: hacia los tres o cuatro años, probablemente dormirá toda la noche de un tirón. Pero difícilmente a los cuatro meses. Entre el nacimiento y los cuatro meses, el cambio que más probablemente observará usted en su hijo es que dormirá cada vez menos. La mayoría de los niños maman varias veces cada noche durante los primeros años (lo que siempre es más cómodo que darles el biberón de madrugada, sobre todo si el bebé duerme en nuestra cama).

Esta madre ya ha empezado a obligar a comer a su hija. A partir de aquí, ya todo es cuesta abajo. Es fácil prever que, a menos que mamá decida hacer un cambio radical, la introducción de las papillas será una lucha.

¿Qué puedo hacer para tener más leche?

¿Y para qué diablos quiere usted tener más leche? ¿Piensa poner una tienda?

La preocupación de las madres por si tendrán suficiente leche es muy antigua: siglos atrás, cuando todo el mundo daba el pecho, ya había vírgenes y santos «especializados» en la buena leche, y hierbas y brebajes de sólido prestigio.

Tal vez este temor provenga del desconocimiento. La gente creía que la cantidad de leche dependía de la madre: habría madres con mucha leche y otras con poca leche; madres con buena leche y otras con mala leche.

En nuestro mundo acelerado hay cada vez más «mala leche», pero hoy sabemos que no es culpa de las madres. La cantidad de leche no depende de la madre, sino del hijo. Hay niños que maman mucho, y niños que maman poco, y la cantidad de leche será siempre, exactamente, la que el niño mama.

¿Exactamente? Pues sí. La producción de leche está regulada, minuto a minuto, por la cantidad que ha tomado su hijo en la mamada anterior. Si el bebé tenía mucha hambre y apuró hasta el final, la leche se fabricará a gran velocidad. Si, en cambio, la criatura estaba desganada y dejó el pecho a medias, la leche se fabricará despacito. Esto se ha demostrado mediante cuidadosas mediciones del aumento del volumen del pecho entre mamada y mamada.[26]

Para que una madre tenga poca leche, es decir, menos de la que su hijo necesita, es preciso que se dé una de las siguientes situaciones:

1. Que el bebé *no mame lo suficiente* (por ejemplo, si está enfermo, o le han llenado la tripa con agua, suero glucosado o hierbas, o le han dado biberones).
2. Que el bebé *mame, pero mal* (por ejemplo, si coloca la lengua mal porque se ha acostumbrado a chupetes y biberones, o si

está débil porque ha perdido mucho peso, o tiene un problema neurológico, o un frenillo muy corto que no le permite mover bien la lengua).

3. Que al bebé *no le dejen mamar*, porque intentan darle según un horario, o entretenerlo con un chupete cuando pide el pecho.

Fuera de estos tres casos (y de alguna enfermedad rara, de las que hay una entre varios miles), todas las madres tendrán exactamente la leche que su hijo necesita.

Por tanto, ante la pregunta «qué hago para tener más leche», lo primero es comprobar si realmente hay un problema (si el niño está perdiendo peso o ganando muy poco). Se tratará entonces de alguno de los tres casos anteriores o de una mezcla de los tres, y habrá que ponerle remedio. Si el bebé está enfermo, averiguar qué tiene y tratarlo. Si está tan débil que no puede mamar, sacarse la leche y dársela por otro método. Si le estaban dando agua o chupete, dejar de dárselos. Si tomaba biberones, quitárselos también (de golpe si era poco, o gradualmente en unos días si eran muchos). Si no mamaba en buena postura, colocarlo bien para que vuelva a aprender. Encontrará muy útil la ayuda de un grupo de madres, como la Liga de la Leche o Vía Láctea. Hay docenas de grupos de apoyo a la lactancia en toda España, encontrará una lista actualizada en www.fedalma.org.

Pero hay muchísimos casos en que la madre cree, por algún motivo, que no tiene (suficiente) leche, y se equivoca.

Algunos de los falsos «síntomas» de falta de leche pueden ser:

— El niño llora.
— El niño no llora.
— El bebé pide antes de las tres horas.
— El bebé pide después de las tres horas.
— El bebé tarda más de diez minutos en mamar.
— El bebé mama en cinco minutos y no quiere más.

— El bebé mama por la noche.
— El bebé no mama por la noche.
— Mi madre tampoco tuvo leche.
— Mi madre sí que tenía leche.
— Los pechos están muy llenos.
— Los pechos están muy vacíos.
— Tengo los pechos demasiado pequeños.
— Tengo los pechos demasiado grandes.
— Es que no tengo pezón.
— Es que tengo tres pezones. (¿Se ha reído? Pues muchas madres dicen muy serias que «no tienen pezón», y le aseguro que es mucho más fácil tener tres pezones que ninguno.)

Preocupada por cualquiera de estos síntomas, la madre decide hacer algo para tener más leche. Si se decide por algo inútil pero inofensivo, como comer almendras o encenderle una velita a san Antonio, probablemente no pasará nada malo, y hasta es posible que la fe haga pensar a la madre que sí que le ha aumentado la leche, y todos contentos.

Pero a veces la madre intenta hacer algo que sí funciona, o que al menos puede funcionar. Y, en estos casos, los consejos de gente que sabe algo sobre lactancia materna pueden ser aún más nefastos que los de quienes no saben nada.

La historia de Elena nos muestra las profundidades de angustia que se pueden alcanzar en los primeros meses cuando se combinan los dichosos diez minutos, el maldito peso y unos consejos aparentemente razonables, pero totalmente improcedentes porque no había ningún problema que arreglar:

Mi hijo de tres meses y diez días pesa solo 5,640 kg, nació con 3,120 kg y bajó en los tres primeros días hasta 2,760 kg. El problema principal es que nunca quiere mamar. Primero le daba el pecho cada tres horas, pero siempre tomaba muy poquito; después el pediatra aconsejó cada dos horas y, como la situación no cambió, me aconsejaron ponerlo al pecho a cada momento. La situación no ha mejorado en absoluto y se ha descontrolado; solo mama bien y tranquilo por las noches, y durante el día come solo cuando está medio dormido. He hecho todo lo que me han dicho: vaciarme el pecho antes de dárselo para que tenga leche con más calorías, seguir un régimen sin leche de vaca y derivados y mil cosas más que me están volviendo loca y hasta ahora no han servido para nada. Hemos intentado darle biberones y tampoco los quiere. El pediatra dice que está sano (ya le han hecho análisis de orina) y todo es normal, pero esta situación es realmente difícil para mí; vivo con la angustia continua de pensar si en la próxima toma comerá o no, y tengo que estar siempre pendiente del momento en el que se duerme para ponerle el pezón en su boquita y esperar a ver si hay suerte y traga algo. Nunca puedo hacer nada, casi no puedo salir de casa por si mi hijo de repente tiene ganas de mamar, y además estoy preocupada porque el peso de mi hijo es inferior a la media.

El peso de este niño viene a estar en el percentil 7; es decir, siete de cada cien niños sanos de su edad pesan menos, 35 000 de los 500 000 que cada año nacen en España. ¿Cómo estarán las madres de esos otros 35 000? Es un peso totalmente normal.

Pero el problema grave no ha sido el peso, sino que «tomaba muy poquito». Es decir (porque con el pecho no se sabe cuánto toman), que mamaba muy deprisa. Cuántos sufrimientos se hubieran ahorrado si, ya durante el embarazo, le hubieran explicado a esta madre que unos niños maman más deprisa y otros más despacio, y que no hay que mirar para nada el reloj. Cuántos sufrimientos se hubieran evitado si, la primera vez que esta madre dijo «mi hijo toma muy poquito», alguien le hubiera contestado: «¡Claro, es tan listo que enseguida ha aprendido a mamar deprisa!». En vez de eso le dijeron que sí, que existía un problema, que estaba mamando poco... y le dieron consejos para que mamase más. Consejos, naturalmente, destinados al fracaso, pues el bebé no necesitaba, y por tanto no podía, mamar más.

En solo cuatro meses, la situación se ha deteriorado tanto que el bebé solo mama dormido. Un psicólogo podría hablar sobre el rechazo a la alimentación, que le impide mamar despierto. Tal vez nos explicaría aquello de «el pecho bueno y el pecho malo». Pero no hace falta entrar en profundidades psicológicas para advertir que, si el bebé ya ha mamado dormido y ha tomado durmiendo todo lo que necesitaba (lo que es evidente, porque va engordando con normalidad), es imposible que vuelva a mamar despierto. Comería el doble de lo que necesita. Reventaría.

Este niño no podrá mamar despierto mientras su madre no deje de darle el pecho dormido. Y solo tiene cuatro meses, todavía faltan las siempre conflictivas papillas, y la pérdida de apetito alrededor del año... Si no se produce un cambio radical, la situación en esta familia puede llegar a ser desesperada.

¿Cómo ve el niño esta situación? Desde luego, no entiende nada. Él no sabe lo de los diez minutos, ni lo del percentil 7 de peso. Él estaba tan tranquilo, mamando lo que quería, y de pronto empezaron a pasar cosas raras. Le despertaban para darle el pecho con más frecuencia... con su mejor voluntad intentó adaptarse, haciendo las tomas más cortas, claro. A veces, alguien había quitado la leche más aguada que sale al principio de la mamada, y desde la primera chupada le empezaba a salir leche espesa, con más grasa y más calorías. Lógicamente, en esas mamadas acababa todavía antes. Naturalmente, no quiso ni probar el biberón («¡pero si ya he mamado ocho veces esta mañana!»). Cada vez respondía en la forma lógica, incapaz de comprender que su madre y quienes la aconsejaban se angustiaban todavía más. Desde hace unas semanas tiene unas extrañas «pesadillas»: sueña que un pecho se introduce en su boca, y que su estómago se llena de leche. Y lo más extraño es que ese sueño parece extrañamente real; incluso se despierta harto, pesado, y es incapaz de mamar durante el día.

Su madre parece cada día más preocupada; muchas veces la ve llorar, y él tiene miedo. Si pudiera hablar, sin duda diría lo mismo que nos dice su madre: «Me están volviendo loco». Y si pudiera entender lo que ocurre, seguro que haría un intento para mamar más despacito y estarse los diez minutos de rigor (pero tomando la misma cantidad, por supuesto, tampoco es cosa de empacharse), para que así todo el mundo se quedase tranquilo. Pero él no entiende lo que pasa, no puede hacer ese gesto de buena voluntad. Solo su madre puede hacer el cambio; de lo contrario, el problema seguirá durante meses o años.

Por qué su hijo no quiere biberones

Tenemos una niña de cuatro meses y medio con 5950 g de peso, que hasta ahora solo ha sido alimentada con leche materna, pero creemos que tenemos que darle un suplemento. El problema es que rechaza el biberón [...] Hemos probado a darle el biberón antes que el pecho, otras veces al final del pecho, pero de todas las maneras lo rechaza.

Nunca supe por qué estos padres creían que tenían que darle un suplemento a su hija. Salta a la vista que la niña tampoco lo sabía. Pero, a ver, ¿qué más tiene que hacer un niño para que se enteren de que no necesita ni quiere biberones?

Los niños pequeños, sobre todo en los dos primeros meses, son tan tontitos que a veces se dejan engañar, y toman un biberón aunque no tengan hambre. Pero los mayores se suelen resistir con uñas y dientes, ¡hasta aquí hemos llegado!

Por qué su hijo no quiere otros alimentos

En general, los niños que toman biberón aceptan mejor las papillas que los de pecho. Esto se debe, probablemente, a que el pecho tiene todos los nutrientes y vitaminas que su hijo necesita, y el biberón no. (¿Le sorprende? Cada pocos años los fabricantes de leche nos bombardean con la publicidad de algún nuevo nutriente que acaban de añadir a sus productos, para hacerlos «más parecidos a la leche materna». En pocos años hemos visto aparecer la taurina, los nucleótidos, los ácidos grasos poliinsaturados de cadena larga, el selenio... La leche que nos dieron a nosotros de pequeños no llevaba nada de eso. Puesto que siguen investigando, es de esperar que en los próximos años le añadan algo más. La leche materna, que usted puede fabricar en su casa cada día, tiene hoy todos los nutrientes que llevará el biberón dentro de diez años, dentro de cincuenta, dentro de quinientos...)

Con nuestros conocimientos actuales, lo más prudente es empezar a ofrecer otros alimentos a los seis meses. Algunos niños se los comen contentos, y, probablemente, algunos los necesitan de verdad. Pero decimos «ofrecer», no «meter»; el niño es libre de comer o no. Muchos niños de pecho no quieren ni probar ningún otro alimento hasta los ocho o diez meses, incluso más. Están perfectamente sanos y felices, su peso y su talla son normales, su desarrollo psicomotor es excelente..., pero tienen bastante con el pecho y, por tanto, no quieren nada más.

Esto produce no poca zozobra a las madres de lactantes entre los seis y los doce meses, más o menos. Sus hijos apenas «picotean» alguna cosa (un mordisco de plátano por aquí, una miga de pan por allá, un macarrón más adelante) además del pecho. Siempre se escucha algún comentario amable: «¿Tu Laura todavía no come nada? Pues tendrías que ver a mi Jéssica, cómo le gustan los doce cereales con leche».

Quien ríe el último ríe dos veces. Los niños de pecho tardan en aceptar otros alimentos, pero cuando lo hacen suelen despreciar las papillas industriales y los triturados y lanzarse a la comida de su madre. A principios del segundo año, el niño de pecho suele comer lentejas con chorizo, tortilla de patatas y bocatas de jamón, todo ello a cucharadas y mordiscos y con su propia manita.

Otros, como el niño de Julia, lo hacen al revés; aceptan las papillas durante una temporada, pero luego parecen cambiar de opinión:

Qué hacer si un niño, a los quince meses, después de haber comido normalmente desde los seis, ahora no quiere comer porque su único pensamiento es mamar. A partir de los diez meses solo tomaba pecho para dormir, pero al cumplir el año empezó a rechazar la comida y a centrar todo su interés en el pecho.

¿Qué hacer? Pues nada. Si se le deja tranquilo, seguro que dentro de unas semanas o meses volverá a comer otras cosas. Si se le intenta obligar a comer otras cosas, o se le intenta negar el pecho, seguro que también volverá a comer otras cosas (¿qué pensaba, que a los veinte años querría solo pecho?), pero probablemente tardará un poco más y le costará más disgustos.

capítulo

siete

El biberón sin conflictos

El biberón también se da a demanda

Durante un tiempo, cuando se empezó a difundir la idea de que el pecho se podía dar a demanda, mucha gente aceptaba que «sí, de acuerdo, el pecho se puede dar a demanda porque la leche materna es muy digerible y el vaciamiento del estómago es muy rápido. Pero el biberón se ha de dar a sus horas exactas para evitar desarreglos intestinales, porque cuesta más de digerir».

El caso es que nadie sabe qué desarreglos intestinales pueden ser esos, y las recomendaciones actuales, comenzando por las normas de la ESPGHAN (1982), son que el biberón, lo mismo que el pecho, se dé a demanda, tanto en horario como en cantidad.[18]

¡Cuántas madres se han visto obligadas a dejar de dar el pecho porque su hijo «no ganaba suficiente peso», solo para descubrir que no se acaba los biberones y que gana menos peso todavía!

Si su bebé se acaba los 120 ml en un periquete, dele 150; pero si siempre deja 30, prepare el biberón de 90, que la leche tampoco la regalan. Si pide antes de 3 horas, pues tranquilamente le da otro poco. Y si un día duerme 5 horas, aproveche para descansar también usted, que eso no pasa cada día.

¿Por qué no se acaba los biberones?

Tenemos un hijo de dos meses y medio que pesó al nacer 2,950 kg y ahora pesa 5,840 kg. Estas dos últimas semanas apenas ha aumentado (100 y 80 g). Esto no me preocuparía tanto de no ser porque no se termina los biberones. Toma todavía 120 ml (cuando se los acaba).

(La queja de Rosana merece un paréntesis. Dice que, si su hijo se acabase los biberones, no le preocuparía el peso. He oído comentarios similares cientos de veces, al explicar a las madres que el peso de sus hijos —como el del hijo de Rosana— es normal: «Sí, si yo no quiero que esté gordo, lo que quiero es que coma...». Pero ¿cómo puede comer más y no engordar más? Como no tenga la solitaria...)

Los niños no suelen acabarse el biberón. Las cantidades de leche que recomiendan en la lata según la edad, lo mismo que las que le recomendará su pediatra, están siempre exageradas. Necesariamente exageradas. No todos los niños necesitan la misma cantidad de leche. Si los expertos han llegado a la conclusión de que los bebés de una cierta edad necesitan, digamos, entre 120 y 160 ml de leche, en la lata no pondrán 120, porque sería poco para casi todos. Ni la media, 140, porque sería poco para la mitad. El que un niño pase hambre es, evidentemente, más peligroso que el que sobre algo de leche en los biberones; así que habrá que poner como mínimo 160 ml. Pero claro, los expertos hicieron sus cálculos basándose en los casos más habituales y los niños más habituales. ¿Y si algunos necesitan algo más, o nos hemos equivocado en los cálculos? Pondremos 165 ml, por si acaso. Pero la leche se prepara con una medida por cada 30 ml de agua, y la madre se haría un lío para poner media medida, así que habrá que redondear a 180 ml... El resultado: ningún niño se queda con hambre, pero muchos se dejan parte del biberón. Si nadie le advirtió a la madre que la criatura podía dejar algo, y que es normal, puede que ella intente meterle a la fuerza los 180 ml, cuando su hijo era de los que solo necesitaban 120. La batalla está servida.

Muchos pediatras creemos que una de las grandes ventajas del pecho es que no se puede ver cuánto se dejan. Y la propuesta de fabricar biberones de aluminio, para que la madre no sepa si están vacíos, es ya un chiste viejo en la profesión.

capítulo
ocho

Las papillas, un asunto delicado

Las peleas entre madre e hijo en torno al pecho o al biberón pueden ser terribles; pero, por fortuna, son poco frecuentes. El comienzo de las papillas es una nueva ocasión de peligro, y hay que andarse con pies de plomo.

Por cierto, al hablar de «papillas» no nos referimos únicamente a los triturados que se dan con cuchara. Como explicamos más arriba (véanse «Las recomendaciones de la ESPGHAN»), lo usamos en un sentido genérico, para referirnos a cualquier cosa que no sea el pecho o la leche del biberón, aunque sea tan líquido como una manzanilla o tan sólido como una galleta.

Muchas madres se ven bombardeadas por tal cantidad de normas, normitas y normazas sobre la alimentación de sus hijos que al final se les pone la cabeza como un bombo. A los consejos del pediatra y la enfermera, a veces mucho más detallados que las austeras recomendaciones de los expertos, se unen los de familiares y amigas y las más peregrinas creencias populares o impopulares, desde los alimentos «demasiado fuertes» hasta los que son «incompatibles».

Incapaz de seguir todas las reglas a la vez, la madre, con frecuencia, opta por pasar de todo y hacer lo que le venga en gana... con el peligro de que, por una de aquellas casualidades, se salte precisamente una de las normas importantes. Para evitar este problema, voy a distinguir bien claramente, por un lado, los pocos puntos sobre cuya importancia existe un acuerdo más o menos general (basado en una combinación de las normas internacionales comentadas en «Calendario de alimentación»), y por otro, algunos consejos que a mí, personalmente, me parecen útiles (pero cada cual tendrá su opinión).

Al revisar el libro para la tercera edición (2009) me doy cuenta de que puse demasiadas normas. Algunas de las que califiqué como importantes no lo son tanto. Se basaban en opiniones de expertos, no en estudios científicos, y parece que últimamente los expertos están cambiando de opinión.

Algunos detalles importantes

Es importante tener en cuenta los siguientes detalles, aunque no deben tomarse como un dogma:

1. No obligar nunca a comer a un niño.
2. Hasta los seis meses darle solo pecho (ni papillas, ni zumos, ni agua, ni hierbas ni nada).
3. A partir de los seis meses empezar a ofrecerle (sin forzar) otros alimentos, siempre después del pecho. A los que no toman pecho, ofrecerles al menos medio litro de leche artificial al día.
4. Al principio, no darles muchos alimentos nuevos juntos, y empezar con pequeñas cantidades.
5. Dar el gluten (cualquier alimento que lleve trigo, avena, centeno o cebada) con precaución.
6. Escurrir los alimentos, no llenarle la barriga con el agua de cocción.
7. No corre prisa introducir los alimentos que suelen causar alergia (sobre todo, leche de vaca y derivados, huevos, pescado, soja, cacahuetes, y cualquier otro que produzca alergia a algún miembro de la familia), especialmente en los niños con antecedentes familiares de alergia.

8. No añadir azúcar ni sal a los alimentos.
9. Seguir dando el pecho hasta los dos años o más.

En algunos casos, se puede dar algo antes de los seis meses (pero no antes de los cuatro): cuando la madre ha de trabajar, por ejemplo. O cuando el niño claramente pide comida e intenta cogerla y llevársela a la boca.

«Ofrecer» significa que si quiere se lo come y si no quiere no. Muchos niños no quieren nada más que el pecho hasta los ocho o diez meses, incluso más.

Los alimentos se ofrecen después del pecho, no antes, ni mucho menos en lugar del pecho. Solo así se garantiza que su hijo tomará leche suficiente. Se recomienda, entre los seis y los doce meses, ofrecer al menos medio litro de leche al día (naturalmente, es una cifra redonda, y muchos niños pueden tener bastante con menos). Un niño que toma biberón puede solucionar la papeleta con dos biberones de 250 ml al día; pero a algunos no les gusta tomar tanta cantidad de golpe: no concluya que su hijo no quiere más leche hasta habérsela ofrecido de forma que realmente se la pueda tomar: repartida en cuatro o cinco tomas, y antes de llenarle la barriga con papillas. Pero no es razonable esperar que un niño mame 250 ml cada 12 horas; los pechos se llenarían enormemente y sería muy molesto para la madre. Es más lógico que mame 100 ml cinco veces al día, o 70 ml siete veces al día. Por supuesto, usted no sabe (ni sabía antes de comenzar con las papillas) cuánta leche materna toma su hijo; pero si mama antes de las comidas puede estar tranquila.

Poco a poco. En ediciones anteriores recogíamos como importante la recomendación de la AAP en 1980 de introducir los nuevos alimentos de uno en uno, con intervalo mínimo de una semana, para poder detectar si alguno le sentaba mal al bebé. La pura verdad es que jamás ha habido ningún estudio científico que pruebe que eso es necesario, conveniente o útil. Simplemente, parecía lógico y razonable. Pero es una norma que fácilmente degenera en obsesión, y que nos limita mucho a la hora de permitir que nuestros hijos experimenten («esta mañana le introduje el plátano, y esta tarde quiere agarrar un trozo de pan, ¿qué hago? ¡No le toca hasta dentro de una semana!»). Supongo que sigue siendo buena idea no darles de golpe, a los seis meses y un día, un montón de alimentos juntos; pero tampoco me preocuparía si prueban dos o tres novedades en un mismo día.

El gluten. En la primera edición de este libro recomendaba ofrecer el gluten a los ocho meses, pero ya advertía que era lo más discutible. En efecto, ha sido discutido. El motivo por el que nos preocupa el asunto del gluten es que, en personas con predisposición genética, el gluten desencadena una enfermedad grave, la celiaquía. Recientes estudios en Escandinavia[27, 28] confirman que la lactancia materna disminuye el riesgo de celiaquía, pero que el factor principal no es, como se pensaba antes, introducir el gluten lo más tarde posible, sino hacerlo muy poco a poco, y hacerlo cuando el niño todavía está mamando.

En la práctica, conviene que el niño siga tomando pecho durante, al menos, un mes (y si son más, mejor) después de empezar a tomar gluten, y que durante el primer mes o dos tome muy poca cantidad de gluten. Si usted tiene pensado destetar a su hijo a los siete u ocho meses, es mejor que la primera papilla, a los seis meses, ya sea con gluten. Y si va a dar el pecho más tiempo, ¿conviene introducir el gluten más tarde? No está del todo claro, pero en algún estudio la introducción del gluten después de los siete meses se asocia con un riesgo ligeramente mayor de celiaquía, por lo que la ESPGHAN en 2008[29] recomienda empezar con el gluten antes de los siete meses.

¿Cómo darle pequeñas cantidades de gluten? En algunos países tienen papillas comerciales de centeno, sin trigo, que llevan mucho menos gluten. Pero en España todas las papillas con gluten llevan trigo. Si le da a su hijo papillas comerciales, podría preparar una papilla de cereales sin gluten, y añadirle media cucharadita de cereales con gluten. Siga preparando la papilla con solo media o una cucharadita con gluten durante uno o dos meses, después de los cuales puede empezar a aumentar la proporción de cereales con gluten. Si le da a su hijo cereales hechos en casa, puede darle el «plato principal» sin gluten (es decir, arroz hervido), pero dejar que cada día coma un trocito pequeño de pan, o un par de macarrones, no más. Al cabo de uno o dos meses ya puede aumentar las cantidades de pan o pasta.

Por cierto, las galletas sí que llevan gluten, pues están hechas con harina de trigo. Recuerdo, en mis años de pediatra joven, cuando recomendábamos el gluten a los 9 meses, cómo nos enfadábamos con las abuelas que añadían una galleta a la papilla de frutas «para que alimente». «De qué sirve —nos quejábamos— decirle a la madre que le dé cereales sin gluten, si luego va la abuela y le mete una galleta.» Pues resulta que probablemente la abuela lo hacía bien, y que eran esas pequeñas cantidades de gluten desde los seis meses las que prevenían algunos casos de celiaquía. Una nueva lección de humildad.

Alimentos alergénicos. En 1982 la ESPGHAN recomendaba no dar los alimentos más alergénicos hasta los seis meses en general, y hasta los doce meses en los niños con antecedentes familiares de alergia. En el año 2000, la Academia Americana de Pediatría[30] era todavía más entusiasta: no dar, a los niños con antecedentes familiares de alergia, leche de vaca y derivados hasta el año, huevos hasta los dos años, pescado y frutos secos hasta los tres años.

Pero la tendencia está cambiando. Aquellas recomendaciones se basaban en la opinión de los expertos, y en algunos estudios poco concluyentes. Posteriormente se hicieron algunos otros estudios, y siguen siendo poco concluyentes. Tanto la ESPGHAN[31] como la Academia Americana de Pediatría[32] consideran ahora, en base a los datos disponibles, que el retrasar la introducción de determinados alimentos influye poco sobre el riesgo de alergia.

A los bebés que toman lactancia artificial, conviene no darles hasta el año más leche que la leche adaptada especial para bebés: ni yogures, ni natillas, ni leche de vaca normal. Ojo, no es lo mismo «leche adaptada» que «un producto hecho con leche adaptada». Con leche adaptada se puede hacer, si alguien se toma la molestia, flan, helado, café con leche... o yogur. Pero antes del año hay que darles leche adaptada de verdad, no un producto distinto en cuya composición entre la leche adaptada. Y después del año pueden tomar leche de vaca normal.

A los bebés que toman el pecho, conviene no darles hasta el año más leche que la materna. No necesitan (ni les conviene en absoluto) tomar otra leche en la papilla. Los niños de pecho no toman los cereales mezclados con la leche, sino que toman primero el pecho y luego los cereales solos (es decir, cereales no lacteados preparados con agua), y se les mezcla todo en el estómago (no hace falta agitar al niño, por cierto).

Ahora bien, una cosa es darle una toma de leche no adaptada, o un yogur o una natilla entera, y otra cosa es que pruebe pequeñas cantidades de alimentos en cuya composición haya leche (por ejemplo, un trozo de croqueta, o el relleno de un canalón...). Cuando un bebé toma el biberón y le sienta bien, ya sabemos que no tiene alergia a la leche de vaca, y por tanto no importa que pruebe pequeñas cantidades de leche de vaca como ingredientes de otros alimentos.

Cuando un bebé toma pecho, probablemente tampoco es un problema que consuma antes del año pequeñas cantidades de alimentos que contengan leche de vaca como ingrediente. Pero en familias con antecedentes de alergia, y a pesar de que no hay estudios que lo demuestren, creo que sigue siendo prudente esperar hasta el año, pues la leche de vaca (incluyendo la del biberón) es la causa más frecuente de alergia en los niños.

Hace años era costumbre empezar por la yema del huevo y unos meses después, dar la clara. Esto se hacía por dos motivos: porque lo que puede producir alergia es la clara, y porque la yema es muy rica en hierro y parecía conveniente darla antes. Pero nuevos datos científicos han desmontado los dos argumentos. Aunque la yema no produce alergia, es imposible separarla de la clara, ni siquiera en un huevo duro. La yema siempre contiene restos de clara, y puede producir una reacción grave en una persona alérgica al huevo. Por otra parte, aunque la yema tiene mucho hierro, también contiene factores que inhiben la absorción de hierro,[2] por lo que no resulta tan buena fuente de hierro como se pensaba. Conclusión, no vale la pena esforzarse en separar la yema de la clara.

Sal y azúcar. ¿Nada de azúcar y nada de sal? Pues no, no añada sal ni azúcar a la comida del bebé. La ingesta de sal y de azúcar en los niños mayores y adultos ya es demasiado alta en estos tiempos; y cuanto más tarde comiencen a acostumbrarse, mejor. La miel tampoco es conveniente; puede llevar esporas del botulismo y en Estados Unidos se recomienda no dar miel a niños menores de un año. El azúcar moreno, la melaza o el azúcar de arroz siguen siendo azúcar.

Además, el añadir azúcar o sal a los alimentos suele ser un truco más para forzar a comer al niño: azúcar en la fruta o en el yogur, abundante sal en la verdura, y así se lo come todo. Ya hemos comentado que los niños muestran una inclinación natural hacia el sabor dulce y hacia el salado. Pero en la naturaleza no se encuentra sal ni azúcar en estado puro; la posibilidad de añadirlas a los alimentos permite manipular los mecanismos de control del apetito, y hacer comer a nuestros hijos más cantidad de la que les conviene. Por eso, aunque no dé caries, tampoco es buena idea añadir sacarina o edulcorantes a las papillas del bebé. Recuerde, el problema no son las pocas cucharadas de azúcar que va a comer ahora, sino todo lo que va a comer en su vida si se acostumbra a comerlo todo con azúcar. Y si se acostumbra a comer con sacarina, el problema es el mismo; dentro de unos años cambiará la sacarina por azúcar.

No añada sal y azúcar en la comida del bebé, pero eso no significa que no pueda probarlos. El bebé morderá pan (que lleva sal) y galletas (que llevan azúcar), y comerá muchas veces de nuestra comida. No pasa nada.

Consejos útiles, pero no tan importantes

Lo que sigue son opiniones basadas en mi experiencia como padre y en mis preferencias personales. No son recomendaciones basadas en datos científicos, y cada cual decidirá si está de acuerdo o no:

¿Por qué alimentos empezar?

No importa. Como se ha explicado en otro capítulo, no hay bases científicas para recomendar uno u otro. Si le da a su hijo primero la fruta, luego los cereales y más tarde el pollo, estará siguiendo plenamente las normas de la ESPGHAN. Pero si le da primero el pollo, luego la verdura y más tarde los cereales, también habrá seguido las normas al pie de la letra.

Pongamos que decide empezar por el arroz. Hace arroz hervido, más bien un poco pasado, sin sal. Puede poner un chorrito de aceite de oliva (estará más sabroso y tendrá más calorías). Después de mamar, le ofrece a su hija una cucharadita o dos. El primer día no conviene darle mucho más, ni aunque se lo tome a gusto. Si no quiere ni la primera cucharada, no insista, pero vuelva a ofrecerle cada día o dos. Si sí que quiere, puede darle cada día un poco más. Al cabo de unos días puede probar con otro alimento, como un poco de plátano machacado. Más adelante puede probar la patata hervida, el pollo... Este orden es solo un ejemplo, puede empezar justo al revés. Por supuesto, si alguno de los alimentos le produce diarrea o alguna otra molestia, o lo rechaza con especial repugnancia, mejor no vuelva a probar en un par de semanas. Si aparece alguna reacción más grave, como urticaria, consulte con su pediatra.

Tampoco es obligatorio introducir un alimento nuevo cada semana. Durante años nos han hecho creer que la variedad es una gran ventaja (siete cereales y medio, trece cereales con chocolate, quince cereales con café...); no es más que una estrategia publicitaria. Variedad significa algo de cereal, algo de legumbre, algo de verdura, algo de fruta..., pero no es preciso que tome muchas cosas de cada grupo; la manzana no lleva ninguna vitamina que no tenga la pera, y la mayoría de los adultos nos las arreglamos muy bien comiendo solo dos cereales, arroz y trigo, y dejando los demás para el ganado. Si su hijo ya come pollo, no le añade nada dándole ternera. Antes del año, añadir muchos alimentos distintos solo significa comprar más números para el sorteo de alguna alergia.

El principal motivo para darles otros alimentos a los seis meses (y no más tarde) es que a algunos niños les podría faltar hierro. Por tanto, parece lógico que los alimentos más ricos en hierro estén entre los primeros. Por un lado, las carnes, que contienen hierro orgánico, que se absorbe muy bien. Por otro lado, verduras, legumbres y cereales contienen hierro inorgánico, que se absorbe mal a no ser que vaya acompañado de vitamina C. Por eso es buena idea comer como comemos los adultos, primero la ensalada (verdura cruda, rica en vitamina C), luego los cereales y legumbres, y la fruta de postre. Y, en cambio, no es tan buena idea lo que hacemos con los niños, darles en una comida solo cereales, en otra solo verdura, en otra solo fruta... Cuando su hijo ya coma varios alimentos, sería buena idea combinarlos (que no triturarlos juntos) en la misma comida, en vez de hacerle menús monográficos («la hora del cereal»).

¿Y si no quiere la comida?

No se preocupe; es totalmente normal, y tarde o temprano comerá otras cosas. No intente obligarle.

Tal vez le digan que le dé la comida antes del pecho para que así tenga hambre y se la tome bien. Eso no tiene sentido, porque la leche materna alimenta mucho más que cualquier otra cosa. Por algo a las papillas se les llama «alimentación complementaria», no hacen más que complementar al pecho. Si su hijo toma el pecho y luego no quiere la fruta, no pasa nada; pero si toma la fruta y luego no le entra el pecho, se está perdiendo algo. Más fruta y menos leche es una receta para adelgazar.

Lo mismo vale para la leche artificial: recuerde que, si no le da el pecho, debe ofrecer a su hijo medio litro de leche cada día hasta el año. No es bueno quitarles la leche para que coman más papilla.

¿Le faltará algún nutriente si no come nada más que pecho?

A partir de los seis meses, a algunos bebés se les acaban las reservas de hierro que tenían al nacer, y necesitan tomar hierro de otras fuentes. Es uno de los motivos por los que se inicia la alimentación complementaria. Otros bebés no necesitan hierro hasta los doce meses o más.

Muchos bebés no quieren tomar nada, pero nada más que pecho, hasta los ocho o diez meses o más. No quieren ni probar, y todos lo que les entra en la boca lo vuelven a escupir. ¿Les faltará hierro? Personalmente supongo que no, que el que no quiere comer es porque no lo necesita. Pero no hay ningún estudio científico que sustente esta confianza. También sería posible el caso opuesto: la falta de hierro produce una disminución del apetito, y por eso no come. En varias ocasiones he visto bebés de ocho o diez meses que no querían tomar más que el pecho y que no engordaban o incluso perdían peso; se detectó una anemia y, al darles hierro, empezaron a comer y a engordar.

Es conveniente que, entre los primeros alimentos que se ofrezcan al bebé, estén el pollo o la carne, ricos en hierro (no necesita mucha cantidad). Y que no tomen la fruta separada de otros alimentos, sino como nosotros, de postre; así la vitamina C de la fruta ayuda a que se absorba el hierro de las verduras, legumbres y cereales. Si un bebé se niega a probar la comida y no engorda, conviene hacerle una analítica para comprobar que no le falta hierro, o que no tenga alguna otra enfermedad

¿Y si engorda normalmente, a pesar de no comer nada sólido? Pues será porque sí que tiene apetito y está tomando muchísimo pecho, y por lo tanto supongo que no le falta hierro. Pero si pasan los meses y sigue sin tomar más que pecho y el pediatra o la familia están preocupados, no cuesta nada hacerle pruebas.

No hace falta triturar los alimentos

Muchas madres consultan al pediatra porque su hijo de dos o tres años solo quiere triturados:

> *Tengo un niño de cinco años y medio que no toma nada sólido y siempre se ha negado a masticar... Todo lo que come se lo tengo que dar yo, que él tampoco quiere comer solo.*

No es un problema grave; en realidad, aunque no haga absolutamente nada, su hijo acabará comiendo normalmente. ¿O acaso piensa que a los quince años tomará triturados? Pero es un engorro y «queda feo». Su hijo no se acostumbrará a los triturados si no los prueba jamás. Los alimentos más blandos, como la patata o zanahoria hervida, el plátano o el arroz hervido, se pueden machacar con el tenedor. La manzana y la pera pueden rallarse con un rallador. Los alimentos más duros, como el pollo, se pueden cortar en trozos minúsculos con el cuchillo; o bien puede pedir en la tienda que le piquen la carne de pollo (advierta que no le añadan sal o pimienta), y luego pasarla por la sartén con unas gotas de aceite, quedarán unas bonitas bolitas de pollo.

Y es que en esta época cruel que nos ha tocado vivir, muchos niños tienen que sufrir tres destetes en vez de uno. Todos los psicólogos coinciden en que el destete es una época delicada y potencialmente traumática; y muchos niños se destetan primero del pecho al biberón, antes de los dos meses; luego, del biberón a las papillas, hacia los seis meses, y, por fin, de las papillas y triturados a la comida normal, hacia los dos o tres años. A juzgar por los llantos y las peleas, cada destete es peor que el anterior:

> *Mi hijo Juan, de veinte meses, siempre ha sido un niño problemático con los cambios, cuesta mucho iniciarle en algo nuevo. El paso del biberón a la cuchara fue terrible, del dulce al salado igual, y así sucesivamente.*
>
> *Al año intentamos introducir trocitos en el puré, pero solo conseguía que lo escupiera. Así que le dejamos que siguiera con sus purés triturados y sus papillas sin un grumo, y hoy es el día en el que seguimos igual. Acaba de romper las cuatro muelas, y aunque ahora es capaz de comerse algún macarrón, galletas, patatas, cereales, chorizo, salchichón, lo hace como un juego entre comidas; si le sentamos a la mesa con un plato con trocitos de comida, los tira sin más.*

¿Por qué no destetarlos una sola vez? Directamente del pecho a la comida normal, en un proceso gradual que empieza a los seis meses y puede acabar al cabo de varios años.

Por cierto, esta madre ha dado, inadvertidamente, con la solución: su hijo sí que come trocitos si es «como un juego, entre comidas». Es decir, cuando no le obligan. Una vez su hijo se ha acostumbrado a los triturados, intentar obligarlo a comer otras cosas o ridiculizarlo, probablemente, no hará más que empeorar la situación. No le obligue a comer, ni triturado ni sin triturar, y poco a poco irá probando otras cosas.

No hace falta preparar una comida especial

Con un poco de vista, podrá cocinar casi cada día la misma comida para el bebé y para los adultos. Cocine sin picantes y sin sal, añada los condimentos, salsas y especias después de apartar la porción de su hijo. Algunos ejemplos:

Antes de ponerle el tomate, el arroz es una excelente papilla de cereales sin gluten. Y más adelante podrá introducir también el tomate, que es tan verdura como cualquier otra (el ketchup no parece muy adecuado para un bebé, pero el tomate frito en casa solo lleva tomate y aceite).

De cereales con gluten hay mucha más variación: pan, fideos, sémola, sopa de letras, macarrones, espaguetis... Al principio, solos, cocidos con agua; más adelante, se pueden cocer con caldo o aliñar con salsa de tomate. Recuerde, eso sí, que el estómago del bebé es pequeño y no conviene darle sopa; la pasta de sopa se le da escurrida, como si fueran macarrones en miniatura. Vigile las etiquetas; los macarrones baratos son «cien por cien sémola de trigo duro», mientras que los caros llevan huevo, y puede que sea mejor evitarlos en bebés con antecedentes de alergia. Del mismo modo, el pan normal se supone que solo lleva trigo, mientras que el pan de molde o las galletas llevan también, y según las marcas, azúcar, leche, huevos... Para los menores de un año siempre son preferibles los alimentos simples a los elaborados.

Si busca en Internet «baby-led weaning», verá a docenas de bebés comiendo comida decente desde el principio: espaguetis y arroz con tomate y brécol y lentejas. Comiendo lo mismo que sus padres, con sus propias manitas, desde los seis meses. Libérese de los triturados.

Cuando mamá trabaja fuera de casa

Estoy preocupada porque mi hijo de tres meses no coge el biberón con ninguna clase de tetina y leche; el pediatra me ha dicho que deje de darle el pecho para que así se acostumbre al biberón, pero se ha estado tres días sin comer por no quererlo coger. He vuelto a darle el pecho pero ya no es suficiente porque se queda con hambre. ¿Qué puedo hacer para que coja el biberón? Pues yo dentro de poco empiezo a trabajar, y he de dejar de darle el pecho.

Esta madre es víctima de dos errores frecuentes en relación con la vuelta al trabajo.

El *primer error* es pensar que hay que destetar antes de ir a trabajar. No es necesario. En el peor de los casos, podría pasarse a la lactancia mixta: dar el pecho antes y después del trabajo, y quien cuide a su hijo puede darle otra leche cuando la madre esté ausente. Todos los niños (y todas las madres) lo pasan mal cuando se han de separar por la vuelta al trabajo, y la lactancia puede ser una excelente manera de compensar la separación y recuperar el tiempo perdido. Muchas madres encuentran soluciones bastante más satisfactorias que introducir la leche artificial: llevarse al niño al trabajo, partir la jornada, hacer que alguien lleve al niño a un parque cercano al trabajo a la hora del bocadillo, sacarse leche y dejarla en la nevera... o, más fácil todavía, si su hijo tiene ya edad suficiente para tomar papillas, que le den papilla mientras usted no está (esta es una excepción a la regla general de dar el pecho antes de cada papilla).

Cuando usted se va a trabajar (o a comprar el pan), su hijo no sabe dónde está ni cuánto tardará en volver. Se asustará tanto, y llorará tanto, como si usted se hubiera ido para siempre. Faltan muchos años para que su hijo comprenda que «mamá volverá enseguida» y, por tanto, acepte las separaciones sin llorar. Cuando usted vuelve, le abraza, le da el pecho, su hijo piensa: «¡Uf, menos mal, otra falsa alarma!». Pero si se hace coincidir el comienzo del trabajo con un destete brusco, si al volver a casa su hijo pide pecho pero usted se lo niega, ¿qué pensará? «Claro, me abandona porque ya no me quiere.» Es un pésimo momento para destetar.

El *segundo error* es creer que, si le van a dar biberón (o papilla, para el caso) a su hijo cuando usted empieza a trabajar, tiene que acostumbrarlo primero. Si consigue que se acostumbre, lo único que ha logrado es avanzar el problema: podría haber conseguido cuatro meses de lactancia materna exclusiva, y se ha quedado en tres meses. Pero lo relevante es que, normalmente, como en el caso que nos ocupa, la criatura no se acostumbra. Incluso cuando las madres se sacan leche y les intentan dar un biberón de leche materna, muchos bebés se niegan.

Y es que los niños no son tontos. Si mamá no está y viene la abuela con un biberón (o mejor con un vaso, para evitar problemas con la succión), pueden pasar dos cosas. Una, si no tiene mucha hambre, que no tome nada y lo compense mamando más cuando vuelva mamá. Muchos bebés pasan casi todo el rato durmiendo mientras su madre no está, y luego se pasan la noche mamando. Es bastante soportable cuando madre e hijo duermen en la misma cama, y muchas madres lo consideran una forma muy satisfactoria de mantener el contacto con sus hijos a pesar del trabajo fuera de casa. La otra posibilidad, si el bebé tiene más hambre (y sobre todo, si la leche es materna), es que se la tome y ya está. En su interior, debe de pensar: «Vaya, mamá no está, habrá que conformarse con esto».

Pero cuando mamá está y el bebé puede ver y oler el pecho, ¿cómo va a aceptar un vaso de leche o un biberón? Debe de pensar: «¡Mamá se ha vuelto loca, tiene la teta a mano y me da esta porquería!». «¡Si no hay teta, nos vamos!» (¡Qué pundonor el de este niño!)

Algunos mitos en torno a las papillas

Mito: Las papillas alimentan más que la leche

Esto es un mito tan absolutamente extendido que, aunque ya lo hemos comentado, no está de más insistir un poco. A muchas madres les dicen que «su leche ya no alimenta» o que «su leche es agua». Semejantes frases no están mal como insulto castizo, del tipo «tienes sangre de horchata» o «tu pelo es un estropajo». Lo gordo es que hay gente que se lo cree. ¡Seamos serios, por favor! No hay mujeres que tengan agua en vez de leche, del mismo modo que no hay elefantes voladores.

Veamos un caso real como la vida misma:

> *Tengo una hija de seis meses [...] Durante este tiempo le he dado el pecho y aún sigo dándoselo, pero desde los cuatro meses empecé a introducirle la papilla de frutas y a los cinco meses los cereales como me lo indicó mi pediatra. [...]*
>
> *La niña hasta los cuatro meses ha ido evolucionando muy bien, tenía un peso de 6300 g y una talla de 63 cm, pero en la última visita al pediatra mi hija pesaba 6980 g y 66 cm, entonces la pediatra me ha dicho que le quite el pecho y que siga la siguiente dieta: 9 h papilla cereales - 13 h verdura - 17:30 h fruta - 21:30 cereales.*

¿Qué tiene este caso de peculiar? No el peso, desde luego; el peso es normal a los cuatro meses, y sigue siendo normal a los seis, y el aumento en ese periodo es también normal. Lo raro (bueno, ¡debería ser raro!) es el diagnóstico de su pediatra, y más raro aún el tratamiento.

Porque si tuviera razón su pediatra, si el aumento de peso fuera insuficiente, y si la causa fuera la mala alimentación, entonces el razonamiento lógico sería: ¿con qué dieta engordaba bien? Con pecho solo. ¿Con qué dieta engordaba mal? Con pecho y papillas. Conclusión: quitarle rápidamente las papillas. En vez de eso, opta por una extraña huida hacia adelante, le quita el pecho y ni siquiera le da biberón a cambio, solo papillas. A los seis meses, solo cuatro comidas al día, de ellas, una solo con fruta y otra solo con verdura. Aunque sabemos que los bebés no necesitan tantas calorías como se creía antes, me temo que esta dieta no llega ni al mínimo. Por suerte, la madre cambió de pediatra, y el segundo le dio una dieta que, si no es la ideal para recuperar la lactancia materna, al menos permite la supervivencia de la niña (un biberón en vez de la verdura y el pecho después de cada comida).

Siendo como soy un acérrimo defensor de la lactancia materna (¿se me nota?), tentado estoy de decir que esta niña engorda menos que antes por culpa de las papillas. Pero sería mentira. No engorda menos que antes por lo que coma o deje de comer, sino por la edad. Aunque hubiera seguido solo con pecho, habría engordado lo mismo. Aunque le hubieran dado fabada asturiana y pasteles de chocolate, habría engordado lo mismo (o menos, porque le habría sentado mal).

Todos los niños engordan más en el primer trimestre, solo con pecho (o solo con biberón), que en el segundo. En el tercer trimestre, con un poco de papilla, engordan aún menos; y en el cuarto trimestre, con mucha más papilla, no engordan casi nada. Todos los pediatras lo han visto cientos, miles de veces. Y, sin embargo, muchos parecen todavía convencidos de que las papillas engordan más que la leche. Me pregunto cuál es el origen de esta sorprendente creencia.

Ya hemos comentado que las papillas de carne y verduras suelen tener menos calorías que la leche; no digamos las de verduras solas o las de fruta. Claro que otras papillas, como los cereales, sí que tienen muchas calorías..., pero ¿y las proteínas, y la calidad de las proteínas, y las vitaminas, minerales, ácidos grasos esenciales y otros nutrientes? ¿Diría usted que la harina «alimenta» más que la leche?

Nuestra dieta debe satisfacer toda una serie de necesidades. El único alimento capaz de satisfacer, por sí solo, todas las necesidades de un ser humano, al menos durante una parte de su vida, es la leche materna. Un recién nacido está perfectamente alimentado durante seis meses o más solo con leche materna; pero nadie estaría perfectamente alimentado, ni en su infancia ni en ninguna época, si pasase seis meses comiendo solo carne, o solo pan, o solo naranjas. Lo que no significa que el pan, la carne o las naranjas «no alimenten», sino solo que se han de complementar con otras cosas. Complementar, no substituir.

Desde luego, no podemos tomar solo leche materna durante toda nuestra vida, y a partir de cierta edad necesitamos complementarla con otros alimentos. Pero no nos engañemos, el principal motivo por el que no tomamos el pecho toda la vida es porque nadie nos lo daría. Aunque tal vez no sea perfecto, la leche materna está más cerca de ser el alimento perfecto, a cualquier edad, que cualquier otro alimento conocido. Un náufrago en una isla desierta podría sobrevivir mucho más tiempo si solo tuviese leche materna que si solo tuviese pan, o solo manzanas, o solo garbanzos, o solo carne...

Si algún ignorante le vuelve a decir: «Quítale el pecho, porque tu leche no tiene suficientes proteínas», contéstele: «Ah, bueno, entonces le quitaré también la fruta y la verdura, que tienen menos proteínas todavía». Y si le dicen que su leche es agua, puede responder: «Claro, por eso se la doy, porque es agua pura, no como la del grifo, que lleva mucho cloro». Bueno, o mejor no conteste nada, porque algunos ignorantes tienen muy poco sentido del humor.

Mito: Con una buena papilla antes de cenar, dormirá toda la noche

Pues no. Muchos niños de dos o tres años se despiertan casi cada noche, aunque hayan cenado tortilla de patatas o alubias con chorizo.

Está demostrado experimentalmente[33] que los niños no duermen más por haber tomado papilla. Durante los primeros años, los niños suelen despertarse por la noche, no solo porque necesitan comer, sino porque nos necesitan a nosotros. Por suerte, el pecho permite satisfacer las dos necesidades a la vez, y el niño vuelve a dormir rápidamente; algunos padres le llaman «la anestesia».

Mito: A partir de los seis meses han de tomar leche de continuación

La leche de continuación es un invento comercial sin apenas utilidad práctica. En Estados Unidos, la Academia Americana de Pediatría recomienda dar, a los bebés que no toman el pecho, la misma leche durante todo el primer año. La OMS también opina que las leches de continuación son innecesarias.

¿Para qué se inventaron, entonces? Muy sencillo. La ley prohíbe, en muchos países (incluido España), hacer publicidad de la leche de inicio. Pero la mayoría, por desgracia, no prohíben la publicidad de la leche de continuación. Así que para los fabricantes es ideal disponer de dos leches con el mismo nombre, que solo se diferencien por el numerito. ¿Hay alguien tan inocente para creer que la publicidad de Badmilk 2 no hace aumentar las ventas de Badmilk 1?

La principal utilidad de las leches de continuación, según la ESPGHAN, es que son más baratas. Como la leche artificial es cara, las madres con menos recursos que dan el biberón pueden sentirse tentadas a introducir antes del año la leche entera de vaca, lo que no sería muy conveniente. Una leche que, sin ser tan adaptada a las necesidades del niño como la de inicio, saliese más barata podría resultar útil.

¿Sin ser tan adaptada? En efecto. La leche de vaca tiene un exceso de proteínas, más del triple que la leche materna. Este es uno de sus mayores peligros; un bebé no puede metabolizar una cantidad tan grande de proteínas, y puede enfermar gravemente. La fabricación de la leche artificial consta de varios pasos, uno de los cuales es quitar la mayor parte de las proteínas. No es fácil quitarle las proteínas a la leche. Si no hay que quitarle tantas, resulta más fácil de fabricar y, por tanto, más barata. La ESPGHAN parece creer que la diferencia de precio será substancial; pero, al menos, en España la diferencia para el consumidor es muy pequeña.

No es que la leche de continuación sea mejor para los bebés mayores. Es peor que la leche de inicio, porque está menos adaptada. Pero los bebés mayores tienen capacidad suficiente para metabolizarla y la pueden tolerar. Naturalmente, la publicidad de la industria láctea intenta darle la vuelta a la tortilla y vender la leche de continuación como «enriquecida en proteínas para cubrir las necesidades en aumento de su hijo».

¡Menuda tontería! Las necesidades de proteínas de los niños disminuyen a medida que crecen,[10] desde más de 2 g por kilo de peso y día al nacer hasta 0,89 entre los seis y nueve meses, y 0,82 entre los nueve y los doce. Un niño de 8 kg necesita 7,12 g de proteínas al día, que puede obtener con 790 ml de leche materna (una ingesta totalmente razonable), o con 550 ml de leche de inicio (en la leche de inicio siempre dejan un poco más de proteínas de las que tiene la leche materna para intentar compensar su peor calidad). El mismo niño, tomando 500 ml de leche de continuación, recibiría 11 g de proteínas, mucho más de lo que necesita... y eso sin contar las proteínas de los cereales o del pollo que pueda comer.

No se deje engañar por la publicidad; el exceso de proteínas en la leche de continuación no es ninguna ventaja para su hijo, sino solo un desecho industrial.

Los niños que toman el pecho siguen con el pecho. La Academia Americana de Pediatría recomienda dar el pecho, como mínimo, un año, y luego «hasta que la madre y su hijo quieran». La

OMS y el UNICEF recomiendan dar el pecho «dos años o más», igual que la Asociación Española de Pediatría.[34]

Naturalmente, si por cualquier motivo usted quiere destetar a su hijo antes del año, tendrá que darle otra leche, ya sea de inicio o de continuación. Es su decisión. Pero no permita que otros decidan por usted. A ninguna madre que da el biberón le dicen jamás: «Esa leche ya no le alimenta, a partir de ahora has de darle leche materna, o has de prepararle las papillas con leche materna». Se da por sentado que, cuando una madre decide dar el biberón, lo hará durante años. La madre que da el pecho tiene derecho al mismo respeto.

Mito: Si no come carne no tendrá suficientes proteínas

Ya lo acabamos de explicar: incluso si solo tomase leche, su hijo ya tendría suficientes proteínas. Y los cereales y legumbres aportan más proteínas todavía. A pesar de ello, a algunas madres intentan asustarlas con extraños argumentos:

> *Yo soy vegetariana digamos en un 80 por ciento, ya que de vez en cuando como algo de pescado, y quisiera criar a mi hija de la misma manera. Los que disienten conmigo dicen que la carne es necesaria, que es para fortificar los tejidos, etcétera.*

El otro día, en el zoo, vi un rinoceronte que, según me aseguraron, no prueba la carne. Parecía tener los tejidos bastante fortificados. Claro que no me acerqué, igual lo tocas y resulta que está blando.

capítulo nueve — Qué puede hacer el profesional de la salud

«El niño no me come» es uno de los motivos más frecuentes de consulta al pediatra.[35] Los profesionales de la salud estamos en una excelente situación para prevenir los problemas en torno a la alimentación infantil o para sofocarlos en sus etapas iniciales, antes de que se conviertan en una fuente de graves angustias y conflictos en el seno de la familia.

Pero también muchas veces nuestros consejos, o incluso nuestros comentarios casuales, pueden contribuir a iniciar o agravar el problema. Dos aspectos de nuestra actuación son especialmente delicados: el control del peso y la introducción de la alimentación complementaria.

El control del peso

Tengo una hija de tres meses, que pesó al nacer 3 kg. Desde el primer día, le di el pecho y ha ido comiendo y engordando muy bien hasta hace un mes, aproximadamente. En ese momento, solo había ganado 40 g en dos semanas.

El pediatra me indicó que la leche materna no era suficiente y que le ayudara dándole 5 minutos en cada pecho y 60 ml de biberón. El problema empezó aquí, ya que la niña no quería biberón. Yo iba poco a poco sin obligarla, dejándolo cuando lo rechazaba e insistiendo en otra toma. Ella seguía sin quererlo. Probé con otras marcas de leche, con distintos tipos de tetina, endulzándoselo, pero todo fue imposible. En la siguiente semana la niña había engordado 260 g, por lo que el pediatra me dijo que solo le diera pecho, ya que había vuelto a la normalidad. Pero en la última semana ha engordado solo 20 g, y me ha dicho que le substituya una toma alterna de pecho por biberón.

Pero la niña sigue negándose. Solo consigo que se disguste mucho y no deje de llorar. También he probado a darle biberón en todas las tomas para que se dé cuenta de que no hay pecho, y finalmente coja el biberón; pero ha sido en vano, ya que se queda sin comer, después de mucho llorar, y finalmente se duerme.

No sé qué puedo hacer, estoy desesperada. También he probado a sacar mi leche y dársela en el biberón, eso sí que lo tomó. Después le di mi leche mezclada con la artificial, pero no lo quiso. Para que coma algo, cuando está mamando, por un lado de su boca le introduzco un poco la tetina y con mis dedos hago salir leche para que la tome toda junta. Pero solo consigo que trague mucho aire y poca leche.

En solo un mes, una crianza plácida y feliz se ha convertido en una pesadilla. El proceso diagnóstico ha sido erróneo: se ha valorado el aumento de peso en un periodo inadecuadamente corto, y comparándolo con datos de referencia inapropiados. Y el tratamiento ha sido innecesario e incorrecto (si un niño estuviese tomando poco pecho, la solución no sería añadir biberones, sino darle más pecho).

La variabilidad intrínseca del crecimiento, los errores de medición y las oscilaciones causadas por el tiempo transcurrido desde la última toma, micción o defecación hacen totalmente inútil el control semanal de peso. Esto queda bien claro en el ejemplo precedente, donde la niña, sin variar de dieta (pues no se tomó los biberones), tan pronto gana 20 g como 260. Como señala Fomon,[2] incluso «los incrementos de peso en intervalos tan cortos como un mes deben ser interpretados con cautela» durante el primer semestre. En el segundo semestre, el aumento de peso se valora en intervalos de, al menos, dos meses.

No es lo mismo una tabla de peso que una tabla de aumento de peso. Las curvas y tablas de peso permiten valorar el peso actual en un momento dado, pero no el aumento de peso en un periodo determinado. Cuando el crecimiento parece anormalmente rápido o lento, se debe usar una tabla de aumento de peso.

La OMS, junto a sus gráficas de peso, basadas en el crecimiento de niños sanos con una alimentación normal (es decir, con lactancia materna), ha publicado también tablas de aumento de peso, en periodos de uno, dos, tres, cuatro o seis meses. Para los primeros dos meses, la OMS publica tablas de aumento en periodos de una o dos semanas, diferenciadas según el peso al nacer. Todas ellas están disponibles en www.who.int/childgrowth/standards/en/.

En cuatro semanas, entre los dos y los tres meses, esta niña ha ganado un total de 320 g. En la tabla de la OMS, el percentil 3 de incremento de peso entre los 2 y los tres meses es de 321 g. Es, por tanto, un aumento de peso absolutamente normal. Obsérvese que el percentil 3 de la tabla de aumento de peso no es, en absoluto, lo mismo que la diferencia de peso actual en el percentil 3; en este caso, el peso correspondiente al percentil 3 es de 4 kg a los dos meses, y de 4,6 kg a los tres meses, con una diferencia de 600 g. El uso de gráficas de peso en lugar de tablas de aumento de peso produce, por tanto, graves errores de valoración.

Además, como bien señala Fomon, en poblaciones donde la prevalencia de la desnutrición es baja, la mayoría de los lactantes cuyo crecimiento en un periodo determinado se sitúa por debajo del percentil 5 son normales (evidentemente, el 5 por ciento de los niños aumentan de peso por debajo del percentil 5).

Esta madre y su hija hubieran estado mucho más tranquilas si el peso se hubiera medido a intervalos más espaciados, y el exceso de entusiasmo terapéutico hubiera dejado paso a una prudente observación. Además, su decidido rechazo al biberón confirma que no tenía nada de hambre (no siempre se puede afirmar lo contrario; muchos niños pequeños, sobre todo los menores de dos o tres meses, aceptan el biberón aunque no tengan hambre). Con el vano intento de quitarle el pecho para que acepte el biberón, la niña no ha tomado ni lo uno ni lo otro, y está comiendo menos que antes del fatídico consejo.

El caso de Herminia resalta una vez más la importancia de elegir la referencia adecuada:

> *Mi hijo, que ahora tiene diez meses, nació pesando 3,950 kg. Siempre lo he alimentado con el pecho, y crecía y se desarrollaba bien, pero desde hace dos meses ha engordado por debajo de la media.*
>
> *Dos pediatras diferentes me han aconsejado que le dé biberones, porque mi leche ya no le alimenta, pero mi hijo los rechaza. No quiere ni olerlos, y me da miedo que nunca los acepte y no solo no engorde, sino que empiece a adelgazar. Me siento muy mal por ello, porque yo quería seguir dándole el pecho hasta el año y medio.*
>
> *Mi hijo con seis meses pesaba 8,170 kg, con ocho meses, 8,850 kg, pero con nueve meses, 8,950 kg, y con diez meses, 9,260 kg. De talla mide 76 cm.*

El hijo de Herminia ha aumentado 410 g entre los ocho y los diez meses. Consultamos la tabla de incrementos de peso en periodos de dos meses. Entre los ocho y los diez meses, el aumento medio es de 544 g, y el percentil 3 es de 60 g (¡sumando los dos meses!). El aumento no solo está dentro de lo normal, sino que ha sido generoso, por encima del percentil 25 (360 g). El absoluto rechazo que muestra este niño por los biberones confirma que su aumento de peso no ha sido debido a una ingesta insuficiente de leche.

Es completamente normal que el aumento de peso en un mes

determinado se sitúe en el percentil 10, en el 3 o incluso por debajo. Todos los percentiles, desde el 1 hasta el 100, son normales, puesto que las tablas y gráficas se elaboran solo con datos de niños sanos. Pero ese mes en que el aumento se sitúa solo en el percentil 3 suele ser una excepción, una anomalía causada por un virus, una diarrea o una separación de la madre, o un valor extremo en un proceso intrínsecamente variable. Lo habitual es que, al mes siguiente, el bebé engorde más. Por eso existen tablas para periodos de diferente longitud, y es importante usar la más adecuada. Veamos un ejemplo en las tablas de la OMS:

Niñas, incrementos en periodos de un mes, percentil 3:

3-4 meses: 214 g
4-5 meses: 130 g
5-6 meses: 52 g
6-7 meses: – 4 g

¿Significa eso que una niña sana puede engordar solo 214 + 130 + 52 – 4 = 392 g entre los 3 y los 7 meses? No; porque un niño sano puede aumentar «lo mínimo» en un mes dado, pero no durante varios meses seguidos. Veamos otra tabla:

Niñas, incrementos en periodos de dos meses, percentil 3:

3-5 meses: 556 g
5-7 meses: 267 g

La suma son 823 g, más del doble que cuando sumábamos los cuatro periodos de un mes. Pero todavía no es bastante:

Niñas, incrementos en periodos de cuatro meses, percentil 3:

3-7 meses: 1071 g

Por tanto, es importante valorar no solo el aumento en cada mes, sino la visión de conjunto, el aumento en periodos más largos. Y es importante tener en cuenta la talla; un peso normal para un niño bajito puede ser insuficiente para un niño alto.

La alimentación complementaria

Mi pediatra me ha aconsejado comenzar con la papilla sin gluten dos veces al día. El problema es que mi hijo (cuatro meses y medio) no la quiere ni ver, y mi pediatra me ha dicho que le tengo que obligar, y la verdad, es un suplicio, y se me destroza el alma de ver lo mal que lo pasa. Él, desde que nació, nunca ha sido tragón; muchas veces con solo dos minutos de teta ha tenido suficiente, y el biberón no lo ha querido nunca.

Aunque las recomendaciones actuales son de empezar con las papillas más a los seis que a los cuatro meses,[22] no es este pequeño adelanto, sino el erróneo consejo de obligarle, lo que ha iniciado el conflicto. Recordemos que los alimentos se introducen en pequeñas cantidades que se aumentan poco a poco, a medida que el niño las acepta.

Aún más dramático es el testimonio de Teresa:

A los seis meses y medio comenzamos con la fruta y fue peor aún que con los cereales, ya que se negó desde un principio; solo con acercarle la cuchara se retiraba hacia atrás y cerraba la boca, y si a duras penas conseguía introducirle algo en la boca lo escupía, con lo cual seguí lógicamente poniéndole al pecho también por las tardes...

Cuando he ido a la revisión de los siete meses, su pediatra me echó la bronca y me dijo que fuera tajante con el niño y que si se negaba a tomar los cereales o la fruta no le ofreciera después el pecho aunque el niño llore y tenga hambre, y que si es así, le ofrez-

ca agua hasta la siguiente comida porque, aunque no estaba mal de peso, tenía que haber hecho más y no lo había hecho precisamente porque el niño ha entrado en una etapa en la que gasta más energía y necesita los hidratos de carbono que le proporcionan los cereales, así como también las vitaminas y minerales que le proporcionan las frutas.

El hijo de Teresa tiene siete meses, mide 72,5 cm y pesa 9 kg. Según las tablas de la OMS, su talla está bastante por encima del percentil 85; su peso, más cerca del 85 que del 50, y la relación peso/talla, exactamente en la media. A la vista de estos datos, aunque Teresa no nos informa del aumento de peso en los últimos meses, parece poco probable que exista ningún problema. En todo caso, el rechazo de su hijo a comer más es prueba suficiente de que no pasaba hambre. Ni que decir tiene que el consejo de darle al niño agua en vez de leche porque necesita más energía es irracional; el agua, que se sepa, no aporta ninguna caloría. La alimentación complementaria no substituye, sino que complementa a la lactancia. Además, como hemos comentado anteriormente, las necesidades de energía por kilo de peso corporal no aumentan, sino que disminuyen a lo largo del primer año.

Cuidar el lenguaje

Las palabras pronunciadas no pueden recogerse, y los testimonios de muchas madres a lo largo de este libro nos muestran la angustia que puede producir un comentario casual.

Hay que desterrar de nuestro lenguaje expresiones como «justo de peso», «mal de peso» o «no ha ganado suficiente». O bien un niño cumple los criterios diagnósticos de retraso del crecimiento[2] (aumento de peso por debajo de la –2 desviación durante al menos dos meses en los menores de seis meses, o durante al menos tres meses en los mayores de esa edad; y relación peso-talla actual por debajo del percentil 5), o bien no los cumple. Por supuesto, en algunos casos dudosos es prudente controlar cuidadosamente el peso, y tal vez recomendar una alimentación más frecuente; pero eso puede hacerse sin poner «etiquetas» al niño ni asustar a la familia.

También convendría hacer nuestras recomendaciones de forma menos tajante. Compare las siguientes frases:

— A partir de los x meses le dará pollo.
— A partir de los x meses puede empezar a ofrecerle pollo.
— Por la tarde, una papilla de verduras de 180 g.
— A la hora que le vaya mejor, ofrézcale un poco de verdura, y vaya aumentando la cantidad si la acepta bien.

Las recomendaciones estrictas de cantidades, horarios, orden de introducción de los alimentos y otros detalles no solo no tienen base científica,[2,18] sino que pueden entrar en conflicto con las necesidades del bebé, con las opiniones de la madre y sus familiares o con los consejos de otros profesionales.

Por último, es al menos preocupante que una madre pueda salir de la consulta con la sensación de que le han «echado la bronca».

¿Por qué no bajamos la báscula del pedestal?

La consulta al pediatra suele seguir una especie de protocolo. La madre explica cómo ha ido su hijo, mientras lo desnuda. El pediatra lo explora. Finalmente, se pesa y mide al niño, y solo entonces pregunta la madre: «¿Cómo está, doctor?».

Parece que el peso sea lo más importante para valorar si el niño está sano.

En realidad, lo más importante es lo que nos cuenta la madre, que es la que ve al niño cada día. Le sigue en importancia la exploración, que nos permite valorar la salud física y el desarrollo psicomotor del niño. Y lo de menos es el peso, que raramente nos da ningún dato que no hayamos sospechado antes: si un niño está realmente desnutrido u obeso, se le nota. La principal utilidad de pesar a un niño cuyo aspecto, estado general y exploración física son normales es, simplemente, tener un valor de referencia para, si más adelante enferma, poder valorar cuánto peso ha perdido.

¿No podríamos hacer algo para que la báscula deje de ser el centro de la visita? Tal vez, en vez de esperar al peso para decir si el niño «está bien», podemos de entrada resumir lo que dice la madre:

— Así, por lo que usted me cuenta, su hija está muy sana y se desarrolla normalmente.

Luego, durante la exploración, ir explicando:

— Sigue bien con la mirada. De pecho está normal...

Y, por último, dejar caer:

— Bueno, su hija está sanísima, y muy espabilada. Ahora, por curiosidad, vamos a ver cuánto pesa.

CUARTA PARTE

ALGUNAS DUDAS FRECUENTES

¿Y si de verdad no come?

Por supuesto, hay niños que no comen (es decir, que comen menos de lo que necesitan). Un niño que no come se distingue de un «niño que no come» en que el primero pierde peso, y el segundo no.

Los motivos que hacen que un niño deje realmente de comer son muy variados. Algunos no son muy distintos de los motivos que nos hacen dejar de comer a los adultos: una gripe o resfriado, una diarrea, unas anginas, no digamos una enfermedad más seria.

Si el niño no come porque tiene la tuberculosis, no se va a curar porque le metan la comida con un embudo. Se curará al darle un tratamiento adecuado para su enfermedad, y cuando esté curado volverá a comer por sí mismo. Así pues, se mantiene la regla general: nunca obligue a comer a su hijo. Si está sano, ya ha comido lo que necesita. Si está enfermo, ofrézcale con frecuencia sus alimentos favoritos; pero sin forzar, solo conseguiría que vomitase. Si pierde peso, llévelo al médico.

A Cristina [siete meses y medio] le he dado pecho exclusivamente hasta los seis meses, y después he empezado a ofrecerle sólidos, sin forzarla. Pero no acepta ningún sólido. [...] El pediatra me dice que la niña no está creciendo, que debo retirarle el pecho y cuando tenga hambre seguro que comerá. [...] desde hace unos dos meses mama cada menos de dos horas.

Cristina no aumentó ni un gramo de peso entre los cinco y los ocho meses. La madre consultó a varios pediatras y todos coincidieron en que el problema era que no quería comer porque estaba «malcriada» con tanto pecho, y que había que destetarla para que comiese. Entre los ocho y los nueve meses, no solo no ganó peso, sino que también perdió, así que la madre se presentó en urgencias de un buen hospital. El diagnóstico fue de fibrosis quística, una grave enfermedad hereditaria. Es un caso extremo de algo, por desgracia, demasiado frecuente: si el niño de pecho no engorda, nadie se preocupa, nadie le hace pruebas, nadie intenta averiguar qué tiene, simplemente se le dice a la madre que le dé el biberón, y ya está. Luego, cuando con el biberón tampoco engorda, los médicos empiezan a preocuparse de verdad y se descubre que el niño estaba enfermo. Es lamentable, pero algunas madres se ven obligadas a mentir y ocultar que su hijo está tomando el pecho para obtener la atención médica necesaria.

Curiosamente, el único alimento que Cristina aceptaba, además del pecho (¡menos mal que su madre no hizo caso de la insensatez de quitárselo!), era el pollo. Personalmente, opino que es una prueba de que los niños saben lo que necesitan; en la fibrosis quística se pierden proteínas, y Cristina buscaba alimentos ricos en proteínas.

Otros niños dejan de comer por motivos psicológicos. Una vez vi a una niña, de poco más de un año, que se negó a comer y perdió peso rápidamente cuando su madre volvió al trabajo. La niña tenía dos abuelas, una de las cuales iba mucho a visitarla y jugaba con ella. Desgraciadamente, por diversos motivos, la madre había elegido para cuidar a su hija a la otra abuela, a la que la niña apenas conocía. Esta se había encontrado de pronto «abandonada» por su madre y en manos de una desconocida.

(Ya sé que la madre no la había abandonado. Pero la niña no lo sabía, no podía saberlo. Durante los primeros años, cuando la madre se va para unas horas, los niños se comportan siempre como si se fuera para toda la vida.)

¿Tendré que quitarle el pecho para que coma?

Mi hija nació hace siete meses y medio, y desde entonces no ha soltado el pecho... En cada toma le preparo su papilla y se la ofrezco, a lo que la niña gira la cabeza y no abre la boca ni por descuido... ¿Qué hago? ¿Le quito el pecho totalmente como dicen algunos, y ya comerá?

Al igual que Marisa, muchas madres reciben el consejo de destetar a su hijo con el argumento de que entonces sí que aceptará la papilla. ¡Como si los niños criados con biberón se tomasen tan bien la papilla!

Soy una madre desesperada. Mi hija, de diez meses, solo quiere comer en biberón, y desde luego nada de verdura.

Ya hemos explicado (véase el apartado «Cuando mamá trabaja fuera de casa») que el destete brusco fácilmente produce un rechazo a la comida. En ocasiones, he visto a un bebé perder medio kilo en una semana por semejante destete intempestivo. Al volverle a dar el pecho (lo que tanto la madre como el hijo estaban deseando), inmediatamente recupera su interés por la vida y vuelve a aceptar no solo el pecho, sino incluso el biberón. Recuperado el peso perdido, fácilmente el bebé vuelve a la lactancia materna exclusiva. En otros casos, cuando nadie interviene en favor de la madre y de su hijo, el bebé acaba por rendirse, pues el instinto de supervivencia es más fuerte que la misma desesperación. El niño acaba aceptando el biberón, recupera penosamente el peso perdido y, por supuesto, suele ir más «bajo de peso» que antes.

¿Cree que exagero? Vea lo que le pasó a Laura:

Mi hija tiene once meses, pesa 7,230 kg y mide 71 cm. El problema está en que no quiere comer. Le he estado dando el pecho hasta los ocho meses. A los cuatro meses le introduje papilla de frutas y a los cinco, la de cereales; posteriormente, verduras con carne y pescado. Hasta los seis meses ha ido bien de peso. A partir de entonces comía poco, y ahora se puede decir que prácticamente no come.

Cuando le daba el pecho siempre estaba dispuesta a comer, ahora el momento de la comida se ha convertido en una auténtica tortura.

Según las tablas españolas o norteamericanas que se usaban en su época, el peso de Laura era inferior al percentil 3 (lo que no es necesariamente anormal, como ya se ha explicado). Alguien debió de pensar que engordaría más con leche artificial. Evidentemente, no engordó más. En la tablas de la OMS, el peso de Laura está dentro de lo normal, un cuarto de kilo por encima del percentil 3. Pero el problema no es el uso de una tabla u otra; las antiguas se pueden usar con prudencia y sentido común, mientras que las de la OMS también se pueden usar de forma rígida e irreflexiva.

¿No tendrá anorexia nerviosa?

La anorexia nerviosa es una enfermedad mental grave. No se produce en niños pequeños, sino en adolescentes (aunque parece que la edad de inicio tiende a adelantarse). Y, en todo caso, no se cura obligando a comer al paciente, cosa que más bien resultaría contraproducente. De modo que la norma sigue en pie: no obligar nunca a comer, y si pierde peso, pensar en una enfermedad (que también puede ser mental). Los adolescentes con anorexia nerviosa pierden peso. Pierden muchos kilos de peso. Por tanto, si su hijo no ha perdido peso, tenga la edad que tenga, no tiene anorexia nerviosa.

Me han dicho que tiene anorexia infantil

Estoy muy de acuerdo con todo lo que dice [...] pero en el caso de mi hija no es así, pues ella realmente no come. [...]

Desde el principio me rechazó el pecho [...] Tuve que quitarme la leche y dársela con biberón [...] Pero se me fue la leche, y empecé con la de farmacia (y empezó el calvario). Tomaba la mitad del biberón y empezaba a llorar. [...] Le hicieron pruebas y todo estaba bien, solo tenía un pequeño reflujo esofágico, me dieron leche antirreflujo y Prepulsid. [...] La única forma de que comiera era dormida. [...]

Ahora tiene trece meses y pesa 7 kg. La situación ahora es horrible. Leche no toma casi nada [...] de las papillas me toma 4 o 5 cucharadas. [...]

El pediatra habla de ingresarla y alimentarla con sonda para que gane peso, y después ponernos en manos de psicólogos. [...]

Los pediatras descartan nada orgánico.

Aclaremos la nomenclatura. «Anorexia» significa «falta de apetito» o «no comer», es un síntoma que se puede presentar en casi cualquier enfermedad. Un niño con anginas, o un adulto con diarrea, probablemente tendrán también anorexia. En cambio, «anorexia nerviosa» es una enfermedad concreta. Hay la misma diferencia entre «fiebre», un síntoma común a cientos de enfermedades distintas, o «fiebre tifoidea», una enfermedad concreta y específica. No existe una enfermedad denominada «anorexia infantil»; simplemente, es una manera fina y rebuscada de decir «niño que no come».

Si usted lleva a su hijo al pediatra diciendo que lo nota muy caliente, y el pediatra lo mira y le dice «tiene otitis», le ha dado un diagnóstico, una información que usted desconocía. Pero si solo le dice «lo que tiene es fiebre», vaya cosa, eso ya lo sabía usted, seguimos sin saber la causa. Del mismo modo, si usted dice «mi hijo no come», y le contestan «es que tiene anorexia infantil», no han diagnosticado ninguna enfermedad. Simplemente, han repetido, en una mezcla de griego y latín, lo mismo que dijo usted.

Volviendo al caso de Maite antes expuesto: es cierto que su peso está por debajo de la última rayita de la gráfica, pero no muy por debajo. Es lógico que su pediatra le haga pruebas y análisis para asegurarse de que no está enferma. Pero, si todas las pruebas salen normales, hemos demostrado que está sana, completamente sana. Se trata, por tanto, de una de esas 15 000 niñas y niños sanos de un año (el 3 por ciento del total) que en España están por debajo del percentil 3.

La idea de alimentarla por sonda es un auténtico disparate. Por desgracia, no es el primer caso que llega a mis oídos. No dudo en afirmar que se trata de una forma de malos tratos y que realmente habría que «ponerla en manos de psicólogos» si la sometieran a semejante abuso. De la misma manera que no se puede operar de apendicitis a una persona sana, no se puede ingresar en el hospital y alimentar por sonda a una persona sana. Y Maite está sana, lo han demostrado haciéndole todas las pruebas que se les han venido a la mente, y todas han salido normales.

Si, a pesar de tener todas las pruebas normales, Maite perdiese peso por motivos desconocidos, si pesase 6 kilos, luego 5, luego 4, si perdiese la alegría y se apagase como una velita, sería lógico decir «no le encontramos nada, pero evidentemente está enferma; vamos a darle alimentación por sonda, o aunque sea endovenosa, en un intento desesperado por mantenerla con vida, mientras seguimos estudiándola a ver si conseguimos curarla o se hace un milagro y mejora ella sola». Pero es que Maite ha ido ganando peso de forma lenta pero constante desde que nació, su desarrollo psicomotor es normal, y los ratos en que no la torturan para meterle la comida a la fuerza es feliz.

Por cierto, el Prepulsid (cisaprida) ya casi no se usa, y en Estados Unidos ha sido retirado del mercado por sus graves efectos secundarios. En cuanto a las leches antirreflujo, se considera que no son útiles cuando de verdad hay reflujo.[36]

¿Qué habría pasado si Maite, en vez de nacer ahora, con seguridad social y visitas gratis al pediatra, hubiera nacido a principios del siglo XX? La habrían notado delgaducha, y tal vez su madre le habría intentado dar algún «tónico reconstituyente» de los que se anunciaban en aquella época. Pero nadie le habría hecho pruebas, nadie habría asustado a los padres, nadie habría amenazado con darle de comer por sonda. Si hubieran consultado al Dr. Ulecia, un reputado especialista en el tratamiento de niños desnutridos, del que hablaremos en el apéndice sobre historia, este no se hubiera apenas inmutado. En su libro vemos las fotos de los niños a los que trató con éxito: T. A., seis meses y medio, 4020 g, a los trece meses ha alcanzado los 5530 g; M. C., dieciséis meses, 5800 g, a los dos años está «muy bien» porque ya pesa 7700 g... Eso eran problemas de peso, y a todos los trató sin necesidad de sonda, solo con comida adecuada.

¿No se le hará el estómago pequeño?

No. Perdón, ya sé que en un libro se espera una respuesta algo más elaborada. Pero es que me faltan las palabras. Sencillamente, no.

¿Y si lo hace por llamar la atención?

«Llamar la atención» es una expresión sumamente desafortunada. Es decir, que no ha tenido fortuna. Pues distintas personas la entienden de formas no solo distintas, sino opuestas, y ese es el mayor infortunio que puede sufrir una expresión.

En el lenguaje popular, «llamar la atención» significa hacer cosas raras para obtener notoriedad. Puede uno teñirse el pelo de verde o pasear con un tigre atado con una correa. En este sentido, llamar la atención se considera algo completamente negativo, similar a «hacer el ridículo» o «hacer comedia». Nadie hace mucho caso de quienes solo buscan «llamar la atención».

Para los psicólogos que estudian el comportamiento infantil, «llamar la atención» tiene, al menos, dos sentidos distintos, y ninguno de ellos es negativo. En ninguno de los dos sentidos se considera que el niño esté haciendo teatro o tonterías, ni hay que dejar de hacerle caso.

El primer sentido se refiere a una conducta espontánea (instintiva) y común a las crías de otros mamíferos: cuando se separa de su madre para jugar o explorar, la cría se vuelve frecuentemente hacia ella para hacerle notar dónde está y qué hace. Al mismo tiempo, la madre busca frecuentemente a su cría con la mirada, y llama también su atención emitiendo sonidos cuando va a moverse o cuando la cría se aleja demasiado. Esto, que en otros animales se realiza a base de ladridos, gruñidos o balidos, adquiere en el ser humano matices más elaborados: «¡Mira, mamá, mira qué castillo he hecho!», «¡Judit, no bajes de la acera!», «¡Mira, mamá, soy un pirata!», «¡Ven, Pablo, que nos vamos!».

Es fácil ver que esta conducta, llamar la atención de la madre, ha contribuido durante millones de años a la supervivencia de la especie. Las crías que no llamaban constantemente la atención de los adultos se perdían o eran devoradas, y así la selección natural las eliminó. Llamar nuestra atención de esta manera es un instinto en nuestros niños; no pueden evitarlo, y si les gritamos que nos dejen en paz porque queremos leer el periódico, solo conseguiremos que se sientan inseguros y, por tanto, intenten llamar nuestra atención más todavía.

El segundo sentido que dan los psicólogos a la expresión «llamar la atención» se refiere a una conducta más o menos anómala que realiza una persona cuando necesita atención y no puede o no sabe obtenerla por los medios habituales. Así se dice que un niño se da golpes en la cabeza, vomita, pega patadas o se hace caca encima para llamar la atención. También los adultos hacen a veces cosas para llamar la atención: ataques de histeria, amenazas o intentos de suicidio, gritos y peleas. Nadie llega a tales extremos si antes no han fracasado métodos más sencillos de llamar la atención, como hablar o llorar.

Cuando un psicólogo dice: «Este niño pega y muerde a sus compañeros para llamar la atención», lo que quiere decir es: «Este niño necesita mucha más atención de la que le dan, y se ha visto obligado a pegar y morder porque de otra manera no le hacían caso; tienen que darle mucha atención para que el problema se solucione». Por desgracia, muchos padres, e incluso algunos especialistas, entienden la expresión en su sentido vulgar, como «este niño hace comedia» o «nos toma el pelo», y piensan que no hay que hacerle caso para que «se le quite la tontería».

La mayoría de los niños que se niegan a comer lo hacen, sencillamente, porque no necesitan más comida. La única atención que pretenden llamar es decirnos «¡eh, que ya he acabado!». Es posible que algún niño busque alrededor de la comida llamar la atención sobre otros temas, y eso nos indicaría que necesita más atención: que jueguen con él, que le cuenten cuentos, que respeten sus pequeños logros y no le nieguen el contacto físico y la compañía. Y, desde luego, que no le obliguen a comer.

¿Hace falta darle agua, zumos, infusiones?

Me aconsejaron [en el hospital] que el agua debía beberla y más siendo verano. El caso es que la niña [doce meses] bebe poquísima agua, no quiere el biberón de agua y con el vaso bebe algo pero lue-

go se pone a jugar. Llevamos mucho tiempo dándole, pero casi forzada, y ella de un manotazo aparta el biberón, he probado con zumos naturales y preparados y no los quiere. [...] ¿Cómo puedo incitarla y hacerle apetitoso y necesario el beber agua?

Pues no, lo siento, no hay forma de hacerle necesario el beber agua. Si necesitase agua, bebería; y si no bebe es porque no necesita, y punto.

Bueno, sí, habría un método. Si le da varias cucharadas de sal pura, y consigue que se las trague, después va a necesitar agua. Pero es un método muy, muy peligroso, y no sé por qué nadie iba a hacer una cosa así.

Los niños que toman lactancia materna exclusiva y a demanda no necesitan agua, a no ser que tengan fiebre alta o diarrea importante (en esos casos, hay que darles el pecho a cada poco, y además se les puede ofrecer un poco de agua después del pecho). Se han hecho estudios incluso con beduinos del desierto, y no necesitan agua.

Los niños que solo toman biberón correctamente preparado y a demanda tampoco necesitan agua. Es increíble la cantidad de gente, incluso profesionales, que aún creen que sí. A ver, si los expertos dicen «una medida de polvo por cada 30 ml de agua», es por algo. Si necesitasen más agua, no costaba nada decir «una medida de polvo por cada 40 ml de agua».

Los niños que empiezan a tomar otros alimentos, si resulta que lo que toman es fruta y verdura, probablemente necesitan todavía menos agua que antes. Ahora bien, cuando empiecen a comer una cantidad suficiente de alimentos más salados o más secos (pollo, pan, galletas...) empezarán a tener sed.

Por si acaso, a partir del momento en que empiece con otros alimentos, puede empezar a ofrecer agua, mejor con un vaso (los niños de pecho preferirán el vaso al biberón; y los niños de biberón ya conviene que vayan aprendiendo a beber en vaso). Pero si su hijo rechaza el agua, no insista lo más mínimo y no le dé más vueltas. Él sabe perfectamente cuándo tiene que beber, no le quepa la menor duda.

Y, sobre todo, para beber solo agua. Ni zumos, ni infusiones, ni agua con azúcar, ni nada más que agua. El beber de forma habitual zumos y refrescos en vez de agua es una de las causas de la epidemia de obesidad infantil y juvenil que nos invade.

La fruta es muy sana, pero los zumos no. No es que el zumo industrial lleve nada malo; no. Aunque lo prepare usted en casa, no conviene abusar del zumo. El problema es que en un vaso de zumo caben dos o tres naranjas. Nadie se come tantas naranjas juntas a mordiscos. Pero es demasiado fácil beberse un vaso, y al poco otro vaso, y algunos niños se toman más de un litro de zumo al día. A los niños pequeños se les llena el estómago con el zumo, y luego no pueden comer otras cosas. Los niños mayores tienen el problema opuesto, su estómago es más grande, y les cabe todo lo que tienen que comer y además el zumo, lo que produce obesidad. A cualquier edad, el exceso de azúcar natural de la fruta puede producir diarrea crónica. Por todo ello, la Academia Americana de Pediatría[37] recomienda no dar nunca zumos antes de los seis meses. Entre el año y los seis años, el consumo máximo (¡máximo!, porque necesitar no necesitan nada) sería de 110 a 170 ml al día (medio a un vaso, no muy lleno); y entre los siete y dieciocho años, el doble. En resumen: para una fiesta, mejor zumos que refrescos, por supuesto; pero para diario, agua.

En cuanto a las infusiones instantáneas para bebés, es una vergüenza que no las retiren del mercado. Consisten en un 95 por ciento de azúcar, normalmente glucosa (dextrosa) y en algún caso sacarosa (azúcar de cocina), al increíble precio de unos 40 euros el kilo. Si le diera a su hijo cada día la cantidad de esas infusiones que recomienda la etiqueta, al cumplir el año habría consumido más de 7 kilos de azúcar puro, que habrían costado más de 300 euros. Si los bebés necesitasen infusiones (que no necesitan), sería mejor preparárselas en casa, sin azúcar; y si necesitasen azúcar (que tampoco necesitan), puede comprarlo en el súper de la esquina 40 veces más barato.

¿Por qué vomita tanto?

Soy una madre desesperada de veinticuatro años. Tengo una niña de once meses que siempre fue mala comedora y por si eso fuese poco devuelve con mucha frecuencia. Cuando era pequeñita me decía el pediatra que era reflujo y le cambió del pecho a una leche antirreflujo... Pero es que ahora es demasiado, de las cuatro comidas me devuelve dos. Me decían que era porque le daba mucho, pero es que en la quinta cucharada ya me devolvía. Todo le produce arcadas, no quiere nada sólido como galletas, pues le va un trocito más grande de lo normal y ya devuelve. He probado a triturar bien la comida y nada, sigue devolviendo; hasta la leche la devuelve. Ahora le estoy dando un potito de los más pequeños a la comida y me los devuelve igual... Le han hecho muchos análisis de orina y la han visto y me dicen que todo está bien. Pero es que me parece imposible que nunca tenga hambre y que pase aunque sea todo el día sin comer.

Es un calvario de verdad, incluso no disfruto de mi niña como otras madres, pues estoy superpreocupada. ¿Hasta cuándo va a durar esto?

Es fácil comprender la preocupación de Manuela. No nos dice cuánto pesa su hija, pero parece que debe de ser lo normal, pues «la han visto y le dicen que todo está bien». Es decir, aunque a Manuela le parece que su hija ha comido poquísimo, es evidente que ha comido demasiado. Pues, incluso descontando todo lo que ha vomitado, le ha quedado dentro suficiente comida para desarrollarse adecuadamente y no enfermar.

Todos los bebés echan o regurgitan. Algunos solo un poco, y otros mucho. Los médicos le llamamos «reflujo gastroesofágico», es decir, la comida que estaba en el estómago vuelve a subir. En la inmensa mayoría de los casos (a no ser que el niño pierda peso o vomite sangre o algo así), se trata de algo totalmente normal. Los bebés tienen la boca del estómago abierta, y la comida se les sale. Hacia el año se les va cerrando, y dejan de vomitar.

A no ser, claro, que les obliguen a comer. Como ya hemos explicado, cuando se intenta hacer comer más de la cuenta a un niño, el niño vomita. No puede evitarlo.

¿Y si en casa somos vegetarianos?

Tanto los niños como los adultos pueden vivir perfectamente con una dieta ovo-lacto-vegetariana.[38]

La dieta vegetariana estricta (sin huevos ni leche) puede ser adecuada para un niño, siempre y cuando tome el pecho dos o tres años, y se combinen los distintos alimentos según las reglas del arte. Excedería del alcance de este libro dar más detalles, no es prudente seguir una dieta vegetariana estricta (y mucho menos hacérsela seguir a un niño pequeño) sin buenos conocimientos de nutrición. Los vegetarianos estrictos deben tomar siempre suplementos de vitamina B12, y eso es especialmente importante durante el embarazo y la lactancia. Encontrará amplia información en Internet, en las páginas de organizaciones vegetarianas serias[39,40], particularmente en la sección de nutrición de la Unión Vegetariana Española, www.unionvegetariana.org/nutricion.html.

La dieta macrobiótica es una dieta progresiva, que a medida que avanza hacia la «perfección» es cada vez más restrictiva. Es una dieta inadecuada para niños, y también para embarazadas y madres lactantes. Se han visto casos graves de déficit de vitamina B12 en niños amamantados cuyas madres seguían una dieta macrobiótica o vegetariana estricta (sin huevos ni leche).

¿No le faltarán vitaminas?

No. Si se le ofrece una dieta adecuada, su hijo tomará suficiente de todo, por poco que coma.

Claro, si su dieta fuera solo patatas de sobre y caramelos, a lo mejor sí que le llegaba a faltar algo..., pero su hijo es demasiado pequeño para ir a comprar esas cosas; solo puede comer lo que sus padres le den.

[Vea lo que comentamos sobre el hierro en la página 136.]

¿Por qué no quiere probar cosas nuevas?

Tengo un hijo de casi tres años que me tiene muy preocupada, ya que nunca ha querido probar alimentos nuevos.

En este mundo hay muchas plantas y algunos animales venenosos. Uno de los mecanismos de protección que tenemos los animales para evitar accidentes es una preferencia por los alimentos conocidos y un rechazo inicial hacia los alimentos nuevos.

Tiene quince meses. Antes siempre quería probar todo lo que veía, pero actualmente solo come aquello que ya ha probado. Lo nuevo ni se lo mete a la boca.

¿Qué mejor protección que comer lo mismo que comían tus padres? Se ha comprobado que los animales aprecian a través de la leche materna el sabor de los alimentos que come la madre. Así, las ovejas que han mamado prefieren, cuando son mayores, comer el mismo tipo de hierba que comían sus madres; mientras que las ovejas criadas artificialmente no muestran tales preferencias. Aunque no se ha podido hacer un experimento similar, se supone que a los niños les pasa lo mismo. Probablemente, esto contribuye al rechazo de los niños de pecho por las papillas: no les gustan los cereales con sabor a vainilla, ni los triturados de varias frutas mezcladas porque no son cosas que su madre suela comer. En cambio, suelen aceptar (¡y pedir!) bocados del plato de su madre.

Así pues, el rechazo a los alimentos nuevos es algo totalmente normal en los niños, sobre todo si no han conocido su sabor a través de la leche materna. No hay que obligarles nunca a comer algo nuevo (le cogerían manía); pero tampoco es necesario desterrar el alimento en cuestión de nuestra dieta. Se ha comprobado que, si se les ofrece (¡sin forzar!) de forma regular, y si ven que sus padres lo comen, acaban aceptando muchos alimentos (pero no todos, claro).

¿No debería acostumbrarse a comer de todo?

¿Cuándo fue la última vez que asistió a un banquete de bodas? ¿Recuerda el menú?

En casi todos los restaurantes preparan una mesa aparte para los niños. Mientras los adultos degustan elaboradas y exóticas ensaladas o pescados y mariscos con originales salsas, los niños toman un «menú para niños», que casi siempre consta de macarrones con tomate y pollo asado con patatas fritas. Jamás he visto a nadie en la mesa de los adultos (ni siquiera a los más jóvenes, que acaban de ganar su derecho a estar en ella) decirle al camarero: «No me gusta esto; ¿no podría traerme macarrones y pollo?».

Por cierto, que los niños suelen comer la mar de bien, pues no hay nadie que les obligue. Y los adultos comen alimentos que a veces no han probado en su vida, sin quejarse ni poner cara de asco, y suelen decir que está muy bueno.

Naturalmente, los profesionales de los restaurantes, tras ver comer a miles de niños y de adultos, saben que es imposible hacer comer «de todo» a un niño. También saben que los adultos sí que comen «de todo» (o casi todo), aunque se hayan criado a base de macarrones.

Siga su ejemplo, y no se preocupe por el tema. Su hijo comerá de todo (al menos, de todo lo que haya en casa) cuando le llegue la edad. Entre tanto, intentar obligarlo a comer un determinado alimento es la mejor manera de que le coja manía.

Por cierto, muchos niños aceptan una amplia variedad de alimentos a los dos años, pero luego se hacen más remilgados. Entre los cuatro o cinco años y la adolescencia, algunos niños parece que siempre quieran lo mismo: arroz con tomate, macarrones, patatas fritas y pan con chocolate, y vuelta a empezar.

A propósito, ¿come usted de todo? En cada cultura hay alimentos que se consideran adecuados, y otros que no. Yo no probaría jamás varios alimentos que en nuestro país se consideran perfectamente comestibles, como los caracoles y los pies de cerdo. Y mucho menos hormigas y filetes de perro, que se consideran un alimento normal en otros países. Si me invitaran a comer en según qué casas, pensarían que estoy muy mal educado, porque no como de todo.

¿Y si nació con bajo peso?

Soy madre de una niña de cinco meses nacida prematura, después de un parto inducido a las 36 semanas debido a un crecimiento intrauterino retardado. Pesó al nacer 1,950 kg, y su peso actual es de 5,800 kg.

[...] la niña comía de maravilla, cada vez quería más y casi me asustaba de ver la rapidez con la que se acababa los biberones. Todo fue cumplir los dos meses y empezó a dejarse cada día un poquito de cada toma. Ahora continúa igual. Hace cuatro tomas con una cantidad total de 480 ml de leche. Añadiendo a cada biberón dos cacitos de cereales.

El crecimiento intrauterino retardado suele ser debido a algún problema, por ejemplo de la placenta, que impide al feto alimentarse normalmente. Por eso le provocaron el parto a Silvia: para que su hija pudiera comer y recuperar el peso. Y eso es lo que hizo: tenía «hambre atrasada», y comió como una fiera hasta que su peso se normalizó. Otra brillante prueba de que los niños comen lo que necesitan. Alcanzado el objetivo, volvió a comer lo normal (para desesperación de Silvia, que no esperaba este cambio).

No todos los niños nacidos con bajo peso muestran esta rápida recuperación. Según cuál sea la causa del problema, es posible que siga comiendo poco y creciendo lentamente durante años.

Los niños prematuros o con bajo peso tienen menos reservas de hierro, y es posible que necesiten tomar unas gotas de hierro. Pregunte a su pediatra.

¿No hay que acostumbrarlo a seguir un horario?

¿Sigue usted un horario? ¿Desayuna, come y cena a la misma hora los domingos que los miércoles? Cuando ponen un partido o una película interesante por la tele, ¿no adelanta o retrasa usted la cena? ¿Y cuando sale al teatro, o come fuera de casa?

Los horarios de las comidas son uno de los más curiosos mitos de nuestra cultura. En realidad, nadie sigue un horario fijo para comer. No es necesario comer a determinadas horas para estar sano, ni para hacer bien la digestión, ni para nada. La «sabiduría popular» entra en contradicciones en este capítulo: para unos, por ejemplo, es peligroso irse a dormir con el estómago lleno, sin haber hecho la digestión; mientras que otros le recomendarán precisamente empapuchar a su hijo con una gran papilla antes de acostarle, para que duerma de un tirón.

Solo si tenemos un trabajo nos vemos obligados a adaptarnos, y a comer antes o después. Por eso mismo, su hijo seguirá un horario para comer tan pronto como vaya al cole: se tomará la leche antes de salir de casa, el bocata a la hora del recreo, comerá al acabar las clases de la mañana y merendará al acabar las clases de la tarde. ¿O cree que si no le da las papillas a una hora determinada su hijo sufrirá tal «alteración del ritmo» que a los doce años se llevará una fiambrera con macarrones y se los comerá en clase de matemáticas?

Tampoco es necesario darle de comer siempre en el mismo lugar o con la misma rutina. Su hijo comerá unos días sentado en su trona, y otros en sus rodillas. Comerá unos alimentos con los dedos, y otros con cuchara. Comerá unos días en su casa y otros en casa de la abuela. Incluso comerá a veces mientras camina por la calle.

Si de verdad fuera necesario (que no lo es) enseñar a los niños, con uno o dos años de edad, a seguir las normas sociales de los adultos, entonces lo importante sería, precisamente, enseñarles a no seguir ningún horario. Imagine que a los doce años, cuando vaya a comer un domingo a casa de la abuela, si la paella no está lista hasta las dos y media, su hijo se pasa desde la una y cuarto llorando y gritando «¡tengo hambre, tengo hambre, tengo hambre!», porque de pequeño lo acostumbró a comer siempre a la una y cuarto. ¿Le gustaría tener un hijo tan «mal educado»?

¿Es malo comer entre horas?

Esto no es más que una extensión del mito anterior. La comida no tiene «horas» y, por tanto, tampoco tiene «entre horas».

Los animales no comen a horas fijas. Los grandes carnívoros hacen comidas abundantes y muy separadas; pero no a horas fijas, sino al azar, cuando consiguen cazar. Los herbívoros y los insectívoros van comiendo todo el santo día, cuando encuentran algo que llevarse a la boca, a no ser que estén hartos.

En realidad, diversos estudios científicos indican que comer pequeñas cantidades con gran frecuencia no solo no es perjudicial para la salud, sino que, probablemente, es mejor que tomar grandes comidas muy separadas, como solemos hacer.[2] Las ratas de laboratorio a las que se dan grandes comidas pocas veces al día acumulan más grasa corporal que aquellas a las que se deja comer a su gusto, aunque consuman las mismas calorías. También fabrican más colesterol, y su estómago se hipertrofia. Es decir, su organismo responde al peligro de no tener comida cuando se necesita, aumentando su capacidad para almacenar grandes reservas en las épocas buenas.

En el ser humano, los que comen «a sus horas» (pocas comidas, pero abundantes) tienen más colesterol y menos tolerancia a la glucosa que los que «picotean» (comidas pequeñas, pero frecuentes). Por eso se recomienda a los diabéticos repartir la comida en cinco o seis veces al día.

Por estos mismos motivos, conseguir que un bebé pase toda la noche sin comer no parece ser una ventaja para su metabolismo.[2] Aunque, en teoría, un niño podría comer más durante el día y luego no comer nada durante la noche, probablemente es mejor que sus comidas estén más repartidas. El que pidan el pecho por la noche, por tanto, no se ha de considerar como un «vicio», sino como una necesidad.

¿Cuántas horas puede estar sin comer?

Mi pregunta es hasta qué edad debo despertar a mi hija de ocho meses para darle de comer, ya que la pediatra me ha dicho que no debo dejarla más de diez horas sin comer porque le puede venir un bajón de azúcar.

Los recién nacidos pierden peso, y cuanto menos maman, más peso pierden. A veces entran en un círculo vicioso: pierden tanto peso que están demasiado débiles para llorar, y el que no llora no mama... Por eso, es prudente intentar dar el pecho a un recién nacido, como mínimo, cada 4 horas, aunque no lo pida. Del mismo modo, a un niño enfermo o que pierde peso, de cualquier edad, puede que convenga ofrecerle comida más a menudo, pero siempre sin forzar.

Pero no hace falta despertar para comer a un niño sano que está ganando peso regularmente, ni a los ocho meses ni con dos semanas. A no ser que sea la madre la que necesite darle, porque se le hinchan demasiado los pechos o porque está a punto de salir de casa, por ejemplo.

¿Cuánto tiempo ha de pasar entre la comida y el baño?

El llamado «corte de digestión» no existe. No pasa absolutamente nada por mojarse después de comer.

Cada verano los medios de comunicación nos aseguran que algún bañista ha muerto por un corte de digestión. No es cierto. Han muerto ahogados. Tal vez, hilando muy fino, algunas personas pueden sentirse pesadas y fatigadas tras una comida muy copiosa, y eso podría facilitar un accidente si cometen la imprudencia de alejarse demasiado nadando. Pero no hay absolutamente ningún peligro en la orilla de la playa, y mucho menos en la bañera de casa. Puede usted bañar a su hijo inmediatamente después de comer.

¿Por qué en casa no come y en el colegio sí?

Los niños suelen portarse «mejor» con extraños que con sus padres. No podemos reprimir nuestra sorpresa cuando la maestra nos asegura que en la escuela recoge sus juguetes o se abrocha solo la bata... Los envidiosos le dirán que le toma el pelo, pero no se deje engañar: en realidad, es una muestra de cariño.

Para empezar, todos lo hacemos. ¿Acaso no le aguanta a su jefe cosas que no le aguantaría a su marido? Es una cuestión de confianza, y Dios nos libre de que sus hijos no notasen la diferencia entre la escuela y un verdadero hogar.

Y usted, querido padre que también lee este libro, ¿dónde obedecía más, dónde se quejaba menos, dónde hacía antes la cama, dónde doblaba mejor su ropa, dónde barría y fregaba más, en su casa o en la mili? ¿Le gustaría repetir la mili? ¿Quería más a su sargento que a su madre?

Volviendo a las comidas, hay que distinguir entre la cantidad de comida y los modales (si come rápido, sin jugar, sin ensuciarse, sin levantarse de la silla...). Es lógico que su hijo coma con mejores modales en la escuela, donde se siente vigilado, que en casa, donde se siente querido y seguro. Pero la cantidad, el comer o no comer, es asunto distinto, y la diferencia suele deberse a un motivo sencillo: en la guardería no le obligan.

Jamás hay que obligar a comer a un niño; entre otras cosas porque, cuanto más se les obliga, menos comen. Y en el cole, aunque quieran, difícilmente le podrán obligar, porque suele haber una «señorita» con diez o más comensales. No hay tiempo material para darle la lata durante dos horas o hacerle el avión con la cuchara; el que no espabila no come. Y, claro, espabila.

Hay excepciones. Algunos niños comen todavía menos en el colegio. Normalmente, eso se debe a que allí les obligan todavía más. Increíblemente, algunas mentes perturbadas consiguen encontrar el tiempo para obligar a comer a algunos niños. Desprovistas del cariño que modera la actuación de la verdadera madre, se comportan a veces con crueldad inusitada. He visto niños a los que han obligado a comer sus propios vómitos. Nunca desoiga las quejas de sus hijos, por este o por otros motivos; un niño con terror a la escuela puede que tenga sobradas razones.

Si su hijo es víctima de malos tratos, en relación con la comida o con cualquier otro tema, póngalo rápidamente a salvo y presente una denuncia. Si le obligan a comer, pero la cosa no llega a extremos tan graves, intente razonar con los responsables de la escuela o guardería para convencerles de que no le obliguen. Si los argumentos racionales no sirven, no dude en contar cuentos chinos, como que «mi Antonio tiene la boca del estómago abierta, y ha dicho el médico que, sobre todo, no le obliguemos a comer por nada del mundo, porque podría vomitar e irle hacia el pulmón». Eso debería bastar para conseguir un respeto razonable.

Tres cuartos de lo mismo para aquellos niños que sienten una especial repugnancia por un alimento concreto. Hace años se produjo en un hospital español un suceso muy desgraciado. Un niño de pocos años, alérgico a la leche y hospitalizado por otro motivo, murió al darle un yogur. La alergia constaba en la historia clínica, y el niño, pese a su corta edad, había sido cuidadosamente aleccionado por sus padres para que se negase a tomar cualquier producto lácteo; pero, a pesar de todo, le dieron un yogur a la fuerza.

Puedo imaginar la escena. El niño gritando, llorando, cerrando la boca, explicando que él no come yogures, que no puede comer yogures. Y tal vez alguien que dice: «Este niño lo que está es malcriado, su madre se lo consiente todo, y él le toma el pelo. Trae acá el yogur, y vas tú a ver si se lo come o no se lo come».

Este caso debería bastar para que nadie, en un hospital o en una escuela, se atreviese a obligar a comer a ningún niño. Por desgracia, aunque en su día fue muy comentado, parece que todo el mundo lo ha olvidado. Por supuesto, no todos los niños que se niegan a tomar un determinado alimento tienen alergia ni corren un peligro real; pero sus motivos tendrán y merecen un respeto. Si ve que no logra conseguir ese respeto en la escuela por las buenas, no dude otra vez en decir que su hijo tiene alergia.

¿Podemos permitir que se salga con la suya?

En la vida es frecuente que dos personas tengan distinta opinión sobre algún asunto. Nuestros hijos deben aprender a actuar adecuadamente en estos casos. Deben aprender a defender con argumentos sus opiniones, a escuchar con respeto los argumentos y opiniones de los demás, a dar la razón a quien la tiene y a exigir respeto cuando la razón está de su parte. Deben aprender también a ceder sin humillarse y a llegar a acuerdos satisfactorios.

Por desgracia, muchos «expertos» en educación infantil (pocas materias cuentan con un plantel tan amplio de expertos, desde los que escriben libros hasta los que nos encontramos en el ascensor) insisten en que ante los hijos es imprescindible mantener la autoridad, que si cedes una vez estás perdido, que las normas deben ser pocas pero inviolables (otra versión prefiere muchas normas, pero igualmente inviolables), que darle a un niño lo que pide con gritos y llantos es «recompensarle» y por tanto hacer que llore y grite más...

¿Por qué solo los padres están dotados de este poder absoluto? Esperamos que los empresarios escuchen las protestas de los obreros. Esperamos que las leyes no provengan de la voluntad de un tirano, sino de un consenso democrático. Incluso ante las decisiones de los jueces es posible presentar recursos y alegaciones. ¿Temen los jueces acaso perder autoridad si el recurrente «se sale con la suya»?

Debemos preguntarnos qué clase de hijos queremos criar: ¿personas responsables, comprensivas, capaces de dialogar, seguros de sí mismos y firmes en sus convicciones, o adultos obedientes y serviles? Según cuál sea nuestra respuesta, deberíamos, más bien, plantearnos si podemos permitirnos el lujo de no dejar que nuestros hijos se salgan con la suya... especialmente, cuando tienen razón.

¿Por qué mi hijo come menos que el de la vecina?

¿Y qué, si el de la vecina come? ¿Acaso no es más guapo el suyo? ¿Y mucho más listo? Pues deje que la vecina se consuele con lo de la comida...

Son muchos los motivos por los que unos niños comen más o menos que otros. Influyen, por supuesto, la edad, el tamaño, la velocidad de crecimiento, la actividad física..., pero también factores intrínsecos en el metabolismo de cada persona. Todos conocemos a gente que «come como un pajarito»; y a otros que «no se sabe dónde lo meten».

Sí, los hijos de muchas vecinas comen más, y los de otras comen menos que el suyo. Pero a veces también se produce un malentendido: ¿a qué llama usted comer poco y a qué llama su vecina comer mucho?

Una amiga nuestra se quejaba amargamente de lo poco que comía su hijo. «Siempre se deja más de medio plato. ¿El vuestro come?», preguntaba ansiosa. «Pues sí, come», le respondíamos. «¿Se acaba el plato?» «Pues sí, normalmente se lo acaba.» Tan preocupada parecía, convencida de que su hijo era el único que no comía en este mundo, que nos daban ganas de decirle una mentira piadosa (de hecho, hace ya algún tiempo que, a ese tipo de preguntas, respondemos: «¡Huy, no, no come nada, pero está sana y fuerte, que es lo importante!».).

Un verano alquilamos a medias un apartamento grande y nos fuimos de vacaciones con nuestros amigos. Llega la hora de la comida, y nuestra amiga contempla con asombro el plato que le servimos a nuestro hijo. «¿Solo eso le ponéis?» «Pues sí.» «Pero ¿tendrá bastante?» «¡Claro! Si le pusiéramos más, no se lo podría acabar...» Su rostro cambió, como debió de cambiar el de Arquímedes cuando salió de la bañera gritando ¡eureka! Corrió a vaciar el plato de su hijo (¡le había puesto el doble que al nuestro!). Su hijo se lo comió todo, claro está. No tuvo más problemas con la comida.

¿Por qué ya no come lo que antes sí le gustaba?

Y es que, en efecto, las preferencias de los niños van cambiando con el tiempo. No es raro que una niñita que parecía fanática del plátano se pase súbitamente al partido de la manzana con armas y bagajes; o que Miguelito, que parecía una esponja con la leche, se niegue a tomar ni una gota durante año y medio, tal vez para volver de pronto a pedir leche... o no.

¿Hasta qué edad debo darle yo de comer?

Mucho antes del año, a veces desde la «primera papilla», los niños suelen intentar comer por sí mismos. Que no es necesariamente lo mismo que comer solos, porque, probablemente, no querrán que su madre se vaya, sino que se quede a su lado admirando y alabando su habilidad para tomar guisantes con los deditos. Si se les deja practicar, pronto comerán perfectamente, con los dedos o con cuchara, y se llevarán un vaso a la boca.

Si por las prisas o para que coman más rechazamos estos primeros intentos de autonomía, es fácil que nuestro hijo pierda el entusiasmo por el tema, y que al año y pico no muestre ya ningún interés por comer solo, con lo fácil que es que te lo metan en la boca.

No hay nada de malo en acostumbrar a un niño a que no coma por sí mismo, siempre y cuando esté dispuesta a seguir haciéndolo durante años sin protestar. Lo que no vale es no dejarle comer solo cuando lo pide, y luego enfadarse cuando se haya acostumbrado.

En todo caso, «darle de comer» nunca ha de ser sinónimo de «obligarle a comer». Tanto si come por sí mismo como si le da usted, el plato se retira en cuanto su hijo dice (o hace gestos de decir) «no quiero más».

Con frecuencia, un niño (a veces mayor) que comía perfectamente sin ayuda pide un día que le den la comida. Puede que esté malito, o que tenga celos, o simplemente que le haga ilusión. Es un mimito que no puede hacer ningún daño. Acéptelo como una muestra de cariño, no permita que los envidiosos le digan que su hijo «le toma el pelo» o «está haciendo una regresión». Por el contrario, se trata de una conducta totalmente normal, como señaló el eminente psiquiatra infantil John Bowlby:[41]

> Esto es incluso cierto en el mundo de las aves. Los pinzones jóvenes, que son ya suficientemente capaces de alimentarse por sí solos, a veces comienzan a solicitar alimento de un modo infantil cuando ven a sus padres.

¿Cuántas calorías necesita mi hija?

Si en alguna página de este libro se ha hablado de calorías, ha sido solo a título de ejemplo. Tuve que buscar esos datos en las páginas de una obra que no había consultado nunca antes, ni como padre ni como pediatra. Conocer las necesidades calóricas de los niños, como las de los adultos, puede ser útil para los científicos e investigadores, o en casos muy especiales, como el de un paciente en coma al que se alimenta por sonda. Pero no tiene ninguna utilidad a la hora de dar de comer a un niño sano.

En primer lugar, las necesidades de los niños, como las de los adultos, son enormemente variables. Varían con la edad y con el peso del niño, pero incluso niños de la misma edad y el mismo peso pueden ingerir cantidades muy distintas. También varían las necesidades de un día a otro. ¿De qué le servirá a usted saber que su hija necesita entre 84,2 y 120,8 kcal por kg de peso y día? (sí, una diferencia de casi un 50 por ciento; son datos reales para niñas de cincuenta y seis a ochenta y tres días con lactancia artificial).[2] Las necesidades reales de su hija podrían estar en cualquier punto de ese amplio abanico, e incluso un poco por debajo o por encima. Su hija, en cambio, sabe exactamente lo que necesita.

En segundo lugar, las necesidades de los niños «varían» con el tiempo: como se comentó más arriba, hay nuevos estudios, más precisos, sobre las necesidades calóricas de los niños. Los datos que acabo de dar, entre 84 y 120 kcal/día, están desfasados y superados. Según Butte,[4] las niñas de tres meses (es decir, noventa días) con lactancia artificial necesitan entre 59,7 y 117 kcal por kg de peso y día. La media ha bajado y el abanico se ha ampliado, y se reconoce que unos niños comen más del doble que otros, a pesar de tener la misma edad y peso.

Las recomendaciones de unos y otros autores son difíciles de comparar, pues se refieren a distintas edades. Dewey y Brown[42] se tomaron la molestia de hacer los cálculos necesarios para poderlas comparar. Solo a título de curiosidad, y para que pase un rato divertido, sepa que la OMS recomendaba en 1985, para los niños (ambos sexos) de doce a veintitrés meses, 1170 kcal/día; mientras que Butte, en 2000, calcula 894, una reducción del 24 por ciento. Entre los nueve y los once meses, el bajón en las calorías recomendadas fue del 28 por ciento. Una cuarta parte de la dieta, borrada del mapa en solo quince años. Y esto se refiere a las cifras de 1985, que en la primera edición de este libro denominaba «nuevas», por oposición a las viejas, más altas todavía. Es probable que alguno de esos libros que tendrá usted por casa y que recomiendan las cantidades exactas de cada alimento que debe consumir cada niño a determinada edad se basen todavía en aquellas recomendaciones casi «prehistóricas». En tercer lugar, incluso si fuera posible (que no lo es) saber exactamente cuántas calorías necesita su hija, usted no podría saber si las ha tomado o no. Usted sabe cuántas calorías tiene un yogur o un flan, porque lo pone en la etiqueta, y son productos preparados industrialmente, siempre igual. Pero ¿cuántas calorías lleva un plato de macarrones? Dependerá de la cantidad de salsa, y de si esa salsa lleva más o menos aceite, o de si moja pan, o pone queso rallado... Los científicos usan medios muy elaborados para medir la ingesta calórica en sus experimentos; intentar contar calorías en casa es dieta-ficción.

Una conducta alimentaria sana se guía por claves internas (hambre y saciedad), y no por claves externas (presiones, promesas, castigos, publicidad...). Los expertos creen que muchos problemas de la adolescencia y la vida adulta, como el hacer dieta de forma obsesiva o el comer compulsivamente, provienen de haber aprendido, en la primera infancia, a comer según claves externas.[14] Hágale a su hijo un regalo para toda la vida: permita que aprenda a comer según sus propias necesidades, y no según una tabla de calorías.

Me han dicho que lo que le pasa a mi hija es que es «malcomedora», y que le tengo que dar un suplemento llamado Pediasure.

El término «malcomedor» parece inventado por los laboratorios Abbott, fabricantes de Pediasure, para traducir la expresión inglesa *picky eater*, textualmente «el que come picoteando».

Abbott ha gastado últimamente mucho dinero en intentar convencer a médicos y padres de que existe una nueva enfermedad, «el niño "malcomedor"», y de que ellos (Abbott) tienen la solución. Tengo en mis manos un folleto que se distribuía a los padres en las farmacias españolas a finales de 2009, junto con una muestra gratuita de Pediasure. Hay un cuestionario de seis preguntas, que también puede encontrar en su web http://mihijonocome.es:

- ¿Toma tu hijo solo un número limitado de alimentos?
- ¿Rechaza tu hijo probar alimentos nuevos?
- ¿Rechaza tu hijo tomar verduras y otros grupos de alimentos?
- ¿Muestra tu hijo gran atracción o rechazo por ciertos alimentos?
- ¿Crea problemas la conducta de tu hijo durante las comidas?
- ¿Come tu hijo con excesiva lentitud?

Si la respuesta a dos o más preguntas es «sí», hay que consultar al pediatra, porque el niño «puede ser un "malcomedor", con riesgo de un desequilibrio nutricional».

Obsérvese que no nos preguntan el peso y la talla del niño. Incluso un niño obeso puede ser «malcomedor», con solo que tenga una gran atracción por el jamón y coma con excesiva lentitud (tampoco se da una definición de «excesiva lentitud». A mí de pequeño me decían que era de mala educación comer deprisa, y que había que masticar bien los alimentos).

Afirma más abajo el folleto que «más del 45 por ciento de los niños en edad preescolar son "malcomedores"». ¡Con semejantes preguntas, lo asombroso es que los «malcomedores» sean menos del 95 por ciento!

Continúa enumerando los supuestos riesgos para la salud a que se expone el niño «malcomedor», y cito textualmente:

- Desarrollo físico subóptimo:
  - — Retraso del crecimiento y el desarrollo (4-6)
  - — Mayor riesgo de enfermedades infecciosas (3)
  - — Mayor susceptibilidad a desarrollar desórdenes alimenticios (sic) en el futuro (2)

- Deterioro en el funcionamiento y el desarrollo mental:
  - — Disminución de la motivación, la curiosidad, y reducción de las actividades exploratorias y los juegos (7)
  - — Incremento del riesgo de desarrollar comportamientos agresivos e hiperactividad (8)

Sí, los desórdenes son «alimenticios» (es decir, que alimentan), y no «alimentarios» (relacionados con la alimentación). Se nota una información muy cuidada. Los numeritos entre paréntesis se refieren a los artículos científicos citados al final del folleto. Lleno de curiosidad (¿de verdad algún científico ha dicho esas tonterías?), los he comprobado uno por uno:

2. **Mayor susceptibilidad a desarrollar desórdenes alimenticios (sic) en el futuro:** Leung A. K., Robson W. L. *The toddler who*

does not eat; American Family Physician; 1994; 49:1789-1792, 1799-1800; www.pubmed.gov/8203317.

Lejos de amenazar con futuros «desórdenes alimenticios», este artículo dice textualmente:

> La mayoría de los niños de entre dos y cinco años de edad a los que sus padres traen porque no quieren comer están sanos y tienen un apetito apropiado para su edad y su velocidad de crecimiento. Las expectativas paternas poco realistas pueden producir preocupación innecesaria [...] hay que tranquilizar a los padres e informarles sobre el crecimiento y desarrollo normal de los niños de esta edad.

3. **Mayor riesgo de enfermedades infecciosas**: Alarcón P. A., Lin L. H., Noche M. Jr. et ál. *Effect of oral supplementation on catch-up growth in picky eaters*; Clinical Pediatrics; 2003; 42:209-217; www.pubmed.gov/12739919.

Es un artículo realizado por los mismos laboratorios Abbott, y no habla de niños «malcomedores» en general, sino de niños «malcomedores» con bajo peso. A ver si el peso va a ser importante...

4-6. **Retraso del crecimiento y el desarrollo**:

4. Olsen E. M. *Failure to thrive: still a problem of definition*; Clinical Pediatrics; 2006; 45:1-6; www.pubmed.gov/16429209.

5. Krugman S. D., Dubowitz H. *Failure to thrive*; American Family Physician; 2003; 68:879-884; www.aafp.org/afp/2003/0901/p879.pdf.

6. Chatoor I., Surles J., Ganiban J. et ál. *Failure to thrive and cognitive development in toddlers with infantile anorexia*; Pediatrics; 2004; 113: e440-447; http://pediatrics.aappublications.org/cgi/reprint/113/5/e440.

Estos tres artículos deberían demostrar, según la propaganda de Abbott, que los niños «malcomedores» van a sufrir retraso del crecimiento y desarrollo. En realidad, los dos primeros hablan de niños con retraso del crecimiento, es decir, con un grave problema de bajo peso.

En el de Chatoor sí que aparecen niños «malcomedores», pero

resultan tener un peso por encima de la media para su edad (¡si llegan a comer!). Tienen esos niños un coeficiente intelectual algo más bajo que los que comen «normal», pero los autores concluyen que la diferencia no se explica por su estado nutricional, sino por la relación madre-hijo, el nivel de estudios de la madre y el nivel socioeconómico.

7. **Disminución de la motivación, la curiosidad, y reducción de las actividades exploratorias y los juegos:** UNICEF. *The state of the world's children*; 1998; www.unicef.org/sowc98.

En efecto, UNICEF afirma en este informe que «en niños pequeños, la malnutrición disminuye la motivación y la curiosidad y reduce las actividades de juego y exploración». La malnutrición, señores, un grave problema que mata a miles de niños cada año en los países en desarrollo. Algo que no tiene nada que ver con que los niños bien nutridos se acaben o no se acaben su verdurita. Mezclar las dos cosas es un insulto.

8. **Incremento del riesgo de desarrollar comportamientos agresivos e hiperactividad:** Pinhas-Hamiel O., Newfield R. S., Koren I. et ál. *Greater prevalence of iron deficiency in overweight and obese children and adolescents*; International Journal of Obesity; 2003; 27:416-418; www.pubmed.gov/12629572.

Increíble pero cierto. Como prueba de que los «malcomedores» pueden tener «comportamientos agresivos e hiperactividad», Abbott aporta un artículo que en realidad habla sobre el mayor riesgo de anemia y el déficit de hierro en niños obesos. No sé si es un error o una burla.

En definitiva, la publicidad de Pediasure asusta a los padres con peligros imaginarios basados en pruebas falsas. Mentiras y más mentiras.

Y si los padres se lo creen y compran el dichoso producto, estarán dando a sus hijos un batido hipercalórico e hiperproteico. Recomiendan uno a dos vasos diarios entre uno y cuatro años de edad, dos o tres vasos entre cinco y diez años. Cada uno de esos vasos lleva 225 calorías, 6,8 g de proteínas, 11,2 g de grasa, 15,6 g de azúcares... No es un producto para «abrir el apetito», para que el niño coma más, sino todo lo contrario: es un producto para aportar al niño los nutrientes que necesita, para substituir a la comida.

Si comía «poco», después de tomarse este cóctel comerá aún menos (¡o se pondrá obeso!). Si llevaba una dieta poco variada, ahora será «variadísima»: viene en dos sabores, vainilla y chocolate. Si el problema era que le hacía ascos a la comida sólida, no se preocupe, ¡Pediasure se bebe! Si se quejaba de que su hijo no comía una dieta normal, pues ya ve, ahora vive de productos farmacéuticos. En definitiva, los conflictos en torno a la comida y las preocupaciones de los padres probablemente van a aumentar.

Sería un producto útil para algunos niños que de verdad han perdido peso por alguna enfermedad. Pero, claro, hay tan pocos niños en esa situación, y hay en cambio tantos «malcomedores»... El negocio no está en vender a los enfermos, que hay poquitos, sino en vender a los sanos.

Es muy fácil hablar, pero me gustaría ver qué haría ese doctor González si sus hijos no comieran, como el mío

Mala suerte, señora. Llega usted tarde para verlo, porque ya están creciditos. Sí, han crecido, a pesar de que no comían. ¿Por qué cree que sé que un niño puede levantarse y no desayunar, o irse a la cama sin cenar, o pasar todo el día con un yogur y dos galletas? ¿Por qué cree que sé que unos dejan de comer al año, y que otros no toman la primera papilla hasta los diez meses? ¿Cómo me he enterado de que pueden estar más de un año sin probar la leche, o sin probar los plátanos? ¿Por qué piensa que insisto en que todo eso es normal?

Pues por lo mismo que sé que, si les respetas y no les obligas, comen lo que necesitan y se crían sanos y felices.

No, no hablo de oídas. He estado allí, y lo he visto.

APÉNDICE
UN POCO DE HISTORIA

«Mi niño no me come» es una queja tan frecuente y angustiosa que uno tiende a pensar que se trata de un temor inmemorial en la especie humana, que ha existido siempre, como el temor a la oscuridad y a los lobos. Hace años, yo mismo pensaba que este temor de las madres a que el niño no comiera provenía de los largos milenios en que la pérdida del apetito era el primer síntoma de la tuberculosis o de alguna otra enfermedad entonces incurable, el heraldo de la muerte.

Sin embargo, la lectura de algunos libros antiguos ha despertado mis dudas. ¿Es posible que los «niños que no comen» sean un invento relativamente moderno?

En tiempos del doctor Ulecia y Cardona, que publicó en 1906 su *Arte de criar a los niños,*[43] parece que las madres no se quejaban al pediatra de que sus hijos no comían. Todo lo contrario, se enorgullecían de su buen apetito... para desesperación del médico:

> ¡Cuántas veces no se oye a los padres ponderar, satisfechos, el apetito de su hijo, diciendo: «¡Si viera usted lo que come...! ¡Come de todo...!»!
>
> ¡Y a cuántos también, pasado algún tiempo, no se les oye condolerse de la pérdida del niño, diciendo: «¡Pobrecito! ¡Ya comía de todo cuando se nos murió!»! Sin comprender, desgraciados, que

precisamente esa fue la causa que influyó más que otra en la catástrofe.

Pues el temor más extendido entre los expertos en nutrición infantil de la época (el doctor Ulecia había estudiado en París con el doctor Budin, uno de los más grandes pediatras de su tiempo) era precisamente el exceso de alimentación, «un verdadero e imperdonable crimen».

La introducción de las papillas era muy cauta. Hasta los doce meses, diez como muy pronto, recomienda el doctor Ulecia no dar absolutamente nada más que el pecho. A esta edad se comienza con una sopa clara de agua con harina, y después el pecho.

La dieta completa para un niño de un año de edad era:

> De 8 a 9 de la mañana, una mamada.
>
> A las 12: una sopa hecha con cualquier clase de harina [...] que no deberá en *manera alguna hacerse con caldo, aun cuando esté muy colado*, pues las grasas no convienen a los niños en los primeros meses.
>
> Estas sopas tienen que ser *muy claritas al principio*, y luego cada vez más espesas [...] no soy partidario de las sopas hechas con leche; prefiero se hagan con agua, y después de la sopa, *como postre*, se dé una mamada [...].
>
> A las 4 de la tarde: una mamada.
>
> A las 7 de la noche: 130 g de leche.
>
> A las 11: una mamada.
>
> Después de medianoche: como el mes anterior, una sola mamada.

A los trece o catorce meses recomienda el doctor Ulecia añadir una yema de huevo a la sopa, y por la tarde otra sopa, pero sin huevo. A los quince meses, una yema en cada sopa. A los dieciséis o diecinueve meses, caldo, legumbres y galletas (una sola vez al día). A los veinte o veintiún meses se suprime el pecho, incluida la mamada nocturna, y se permiten las galletas tres veces al día. A los veintidós o veinticuatro meses, chocolate, pescado o seso.

A los tres años se introduce el huevo entero y la croqueta de gallina (¡solo la parte interior!). La ración de pescado se especifica «del tamaño de un duro o poco más» (los duros de plata de Alfonso XIII tenían un diámetro de 37 mm). De leche, tres tomas al día de 100 g (¡menos de medio vaso!).

A los tres años y medio se introduce la fruta: «podría tolerársele unos cuantos granos de uva». El niño, eso sí, solo toma leche (130-150 g) dos veces al día.

La verdura, «un poquito», se introduce con cuatro años cumplidos, al igual que la ternera. Fruta «en cantidades moderadas, excepto melón, sandía, melocotón...» y nunca para merendar o cenar.

¿Comprende ahora por qué los niños sí que comían? Usted, apreciada lectora, que está preocupadísima porque su hijo no le come nada, se hubiera llevado un buen rapapolvo si le hubiera explicado al doctor Ulecia todo lo que come su angelito. Fruta, verdura, carne y pescado antes del año, vasos enteros de leche... ¡lo va a matar! (y hubiera tenido que pagar 10 pesetas por la consulta, por cierto, todo un capitalito). Recuérdelo la próxima vez que su hijo no quiera fruta: ¡su bisabuelo no probó la fruta hasta los tres años!

Y es que el problema del «niño que no come» surge de un desequilibrio entre lo que el niño come y lo que su madre espera que coma. Los niños es probable que siempre hayan comido, más o menos, lo mismo. Pero lo que las madres esperaban (al menos, las madres que visitaban al pediatra o leían libros) ha cambiado radicalmente a lo largo del pasado siglo. Hoy, si nuestra hija le da tres mordiscos a una manzana, estamos desesperadas porque nos han dicho que tendría que comerse media manzana, media pera, medio plátano y media naranja con galletas. Nuestra abuela también le daba tres mordiscos a la manzana, pero nuestra bisabuela se guardaba muy mucho de confesárselo al pediatra...

Muchas veces nos han dicho que es imprescindible acostumbrar a los niños a tomar una variedad de alimentos desde bien pequeños, porque si no luego se negarán a tomarlos y serán unos caprichosos. No es cierto. Nuestros bisabuelos no tomaban «comida normal» hasta los cinco años, y, sin embargo, se adaptaban perfectamente a una dieta adulta. Nada menos que a la famosa dieta mediterránea, sin colorantes ni conservantes. ¿No será al revés, que las frutas, verduras y legumbres eran hace cien años una golosina largamente esperada, y ahora hemos conseguido convertirlas en una temida tortura?

Veinte años después, en 1927, el doctor Puig y Roig, en su obra *Puericultura*,[44] ni siquiera menciona la existencia de niños inapetentes o que no comen. Recomienda la primera papilla (sopa de pan y ajo) a los seis u ocho meses. La dieta de un niño con un año cumplido sería:

A las 6 de la mañana – El pecho.
A las 9 de la mañana – El pecho.
A las 12 del mediodía – Sopa salada.
A las 4 de la tarde – El pecho.
A las 7 de la tarde – Sopa dulce.
A las 11 de la noche – El pecho.

La sopa salada solo lleva pan, sal y ajo. La sopa dulce es de harina de avena o arroz, puede llevar leche. Por desgracia, la obra del doctor Puig se centra en el primer año, y apenas da vagas indicaciones sobre la introducción del resto de los alimentos.

Pero podemos encontrar todos los detalles en la obra de su colega y conciudadano el doctor Goday, que solo un año después publicó *Alimentació del nen durant la primera infància*[45] (1928), la única de las aquí citadas que no va dirigida a las madres, sino a los médicos. No menciona para nada la inapetencia o el problema de los niños «que no comen». Recomienda también la primera sopa clara de harina y agua a los ocho meses; y al año (entre los diez y los quince meses) recomienda la siguiente dieta:

> Dos papillas de harina [harina y agua] y cuatro mamadas (o cuatro vasos de leche con azúcar). Después del año se puede intentar añadir una yema de huevo en una de las papillas. En lugar de estas, también podremos dar sopas de leche [harina y leche].

Entre los quince y los dieciocho meses se introducen el puré de patatas, el pan, el huevo, las pastas. Entre los dieciocho y los veinticuatro, carne y pescado.

Los purés de verduras, como las espinacas, se pueden dar en pequeñas cantidades. Son muy poco nutritivos...

Se pueden dar frutas desde la edad de dieciocho meses, pero solamente cocidas, en forma de compotas o confituras. Solo en el curso del tercer año autorizaremos el uso de frutas al natural, y en cantidades muy pequeñas.

Las recomendaciones del doctor Goday siguen siendo muy diferentes de las actuales, aunque, probablemente, habrían producido escalofríos al doctor Ulecia («¡verdura antes de los dos años! Menos mal que le dan poquito», debía de pensar el venerable anciano).

No son muy distintas las recomendaciones del doctor Roig i Raventós, en 1932, en la cuarta edición de sus *Nocions de puericultura*.[46] La primera papilla (pequeña sopa de pan y ajo, y después el pecho) se da a los ocho o, mejor, diez meses. La alimentación, al año, apenas ha cambiado:

> A las siete de la mañana: pecho.
> A las diez: biberón.
> A la una de la tarde: sopa salada y pecho.
> A las cuatro: pecho.
> A las siete: sopa dulce y pecho.
> A las diez de la noche: pecho.

La sopa salada contiene agua, pan y ajo.

A partir de los dieciocho meses se recomienda pan con mantequilla, yema de huevo, zumos de tomate, uva y naranja, fideos, legumbres. El pescado se da a los dos años y medio, y el pollo, a los tres años.

Para el doctor Roig, el exceso de alimentación sigue siendo el mayor peligro:

> La mayor parte de las enfermedades de la infancia viene de alimentarlos con demasiada cantidad.

Aunque todavía muy escasas para las ideas actuales, las papillas que los expertos recomendaban en los años veinte y treinta eran algo más precoces y abundantes que a comienzos de siglo. ¿Por qué? ¿Cómo afectó esto al apetito de los niños? No habla el doctor Roig de inapetencia en 1932, pero es probable que el conflicto se esté ya gestando. Tarde o temprano, si las recomendaciones siguen subiendo, cierto número de niños serán incapaces de comérselo todo.

En 1936, en la quinta edición de su obra,[47] el doctor Roig ha hecho algunas modificaciones. El adelanto de las papillas continúa, lento pero inexorable. La frase:

> Al final del segundo semestre conviene que la criatura conozca el gusto salado. (1932)

ha sido substituida por

> En el segundo semestre conviene que la criatura conozca el gusto salado. (1936)

También se introduce el zumo de fruta cruda a partir de los cuatro meses, para prevenir el escorbuto:

El escorbuto se presenta en niños criados con leches esterilizadas, maternizadas, que para hacerlas similares a la leche humana la ciencia química las ha *profanado* hasta el punto de destruir las pocas vitaminas que contienen.

A medida que las raciones aumentan, aumenta también, sin duda, el número de niños que no pueden con todo. En 1936 sale a la luz el conflicto (no es el único conflicto, por cierto, que sale a la luz en España en aquel año; y, sin duda, ambos conflictos se venían gestando desde hacía décadas). Sale a la luz cuando el doctor Roig añade al final de su libro tres capítulos dedicados al enflaquecimiento, al raquitismo y a la inapetencia. Esta última merece dos páginas: «La falta de apetito de los niños es una de las causas más frecuentes de preocupación familiar».

¡Ya tenemos el cuadro completo: los niños que no comen, y las madres preocupadas! Pero, en aquellos primeros tiempos, existía aún un grupo (hoy, al parecer, totalmente extinto) de madres que resultaban para el doctor Roig tan extrañas como amenazadoras: las madres que no están preocupadas. Las que todavía defienden el derecho de su hijo a no comer, rechazando las recomendaciones del experto:

> Una escena que, tristemente, se repite en el consultorio del pediatra (médico de los niños) es la siguiente: después de seguir un régimen adecuado al caso clínico y de leerlo a la familia, a veces, mucho antes de terminar su lectura, la madre, delante del hijo, interrumpe al médico para decirle: «¡Todo eso que recomienda no se lo tomará!». Su hijo ya sabe, desde aquel momento, que tiene por defensora de su tozudez en rehusar los alimentos a la propia madre, ignorante e indigna de tener cuidado de su hijo [...]. Ante el hijo no debe desautorizarse jamás a un superior, y menos a un médico.

Una frase sorprendente, y más si pensamos que está escrita en 1936, en catalán y en «zona roja». Por suerte, los pediatras actuales no se consideran a sí mismos como un «superior» de la madre, ni piensan que una madre que no se limite a obedecer en silencio al pediatra es «indigna de cuidar a su hijo».

Otras veces, la madre aparece como culpable por exceso de cariño:

> Es también tristemente frecuente que la inapetencia, como los vómitos nerviosos de los escolares, se presente en niños rodeados de *afectos íntimos mal dosificados y demasiado concentrados* [...]. El vómito es el final de la batalla que cada día se produce en la mesa con los inapetentes nerviosos.

Por último, la madre puede estar simplemente equivocada:

> Hay también una *inapetencia imaginativa*. Los niños comen bien, pero las madres, sin ningún fundamento científico, se imaginan que su hijo no come lo suficiente, y cada día estalla una batalla inútil.

De lo que no hay ningún caso, ¡faltaría más!, es de un niño que no coma porque no necesita tanta comida, porque su pediatra le había recetado una dieta excesiva. Lejos de revisar sus teorías a la vista del escaso éxito que ha tenido su aplicación, los expertos en nutrición de la época deciden seguir adelante a toda vela. La séptima edición[48] (1947), ahora en castellano, de la obra del doctor Roig contiene cambios drásticos:

La primera papilla (sopa de ajo) se adelanta de los ocho o diez meses a los seis. El menú para el niño de un año es el mismo de 1932, reseñado más arriba; aunque las horas han cambiado, sin que se explique el motivo (ahora son las 6, 9, 12, 4, 9 y 12). Ahora bien, la «sopa salada» de 1932 solo llevaba pan y ajo, mientras que en 1947 incluye queso, pollo o pescado:

> Algunos niños toleran, de siete a ocho meses, que se añada en la sopa media yema dura o una cucharadita de queso de vaca rallado o una cucharadita de mantequilla, que deben hervir dos minutos, o

una cucharadita de puré de hígado (hervido y tamizado). Cada día un alimento distinto.

También el primer biberón «educativo» se adelanta de los diez a los seis meses. Se amenaza con terribles desgracias a los niños que no se tomen la papilla a determinada edad. Curiosamente, esta edad se adelanta en seis meses, y el niño que ayer estaba perfectamente está hoy expuesto a ¡convertirse en nata!, sin que el autor dé ninguna explicación sobre los motivos que le llevaron a cambiar de criterio:

> Es necesario que, al acercarse a fines del primer año, la criatura tome algo más que el pecho, porque la leche tiene muy poco hierro, y si el niño solo vive de la secreción láctea, se vuelve blanco y flojo. Son los *niños de requesón.* (1936)
>
> Es necesario que, al acercarse a fines del primer semestre, la criatura tome algo más que el pecho, porque la leche tiene muy poco hierro, y si el niño solo vive de la secreción láctea, se vuelve blanco y flojo. Son los *niños de nata.* (1947)

Para el doctor Ramos, que publicó su obra *Puericultura*[49] en 1941 (segunda edición 1949), el «niño que no come» no parecía ser un problema importante. El libro dedica amplios capítulos a educación y disciplina de los lactantes y niños pequeños, pero apenas un par de párrafos a la comida:

> Cuando un niño que de ordinario come bien, se niega a alimentarse, la madre no debe insistir, haciéndoselo tragar a la fuerza, sino que, por el contrario, le someterá a unas cuantas horas de dieta de agua mineral, infusiones o zumos de fruta, bastando esta medida para vencer la desgana.

El reconocer que algunos niños no necesitan tanta comida no le hace, sin embargo, rebajar sus recomendaciones generales.

Zumo de frutas a los tres meses, cereales a los cuatro, puré de verduras a los cinco, puré de frutas a los cinco y medio, galletas a los seis, yema de huevo a los siete, hígado a los ocho... A los diez meses, la dieta es ciertamente substanciosa, con interesantes cambios entre 1941 y 1949.

La dieta de 1941, para niños de nueve a doce meses, es la siguiente:

6 mañana. Primera tetada.
9 mañana. Puré de fruta con galletas.
12 mañana. Puré mixto con hígado. Segunda tetada.
4 tarde. Papilla con yema de huevo. (Al año una yema.) Tercera tetada.
8 noche. Sopa de sémola, tapioca o copos de avena. Zumo de fruta o pecho.
11 noche. Papilla. Cuarta o quinta tetada.
Dos galletas al día o algún trocito de pan.

Mientras que en 1949 se recomienda, para niños de diez a doce meses:

7 mañana. Primera tetada.

10 mañana. Papilla de 150 g con una cucharadita con colmo de harina o gofio. *Tres cucharaditas de yema, tres días a la semana, que en meses sucesivos se aumentan hasta llegar a una yema al año, tres días a la semana*. Segunda tetada.

2 tarde. Tres cucharadas de puré de verduras mezclado a *una cucharada* (diez meses) o *dos cucharadas* (once meses) *de patata* (puré mixto). Tres cucharaditas de hígado los tres días que no toma yema de huevo. Un poco de agua hervida o mineral. Puré de fruta.

6 tarde. Papilla de 150 g con una cucharadita con colmo de harina o gofio. *Tercera tetada. (Se suprime al año.)*

10 noche. De 5 a 8 cucharadas de sopa (de 75 a 120 cc). Cuarta tetada.

Unos cambios significativos, en solo ocho años y proviniendo del mismo autor. Por un lado, se reducen de seis a solo cinco comidas diarias. Por otro lado, aumenta el énfasis en el control pediátrico, se especifican los gramos, los centímetros cúbicos, los días en que se da yema o se da hígado (no, no es que antes se dejase al libre albedrío; esto es solo el cuadro resumen, y el libro ha dedicado antes varias páginas a explicar esos detalles. Lo que cambia es el énfasis; el Dr. Ramos considera en 1949 que esos detalles son tan importantes como para repetirlos en el cuadro resumen).

¿Se comerán todo esto? Hay motivos para dudarlo.

Para el doctor Blancafort, que publicó en 1979 la obra *Puericultura actual*[50] (parece que la primera edición es de 1968; no queda claro si ha habido modificaciones), la inapetencia es un tema importante, «una causa frecuente de problemas madre-hijo», y constituye el primer apartado en el capítulo de «Alteraciones digestivas más frecuentes en el niño». Le dedica seis páginas, con descripciones similares a las que haría cualquier pediatra actual:

> La *inapetencia* o *anorexia* [...] constituye una de las causas más frecuentes de consulta al médico por parte de la madre preocupada, que casi llega a creer que, de persistir la situación, su hijo va a morir de hambre [...] debe considerarse como una fase pasajera poco menos que normal en todos los niños [...]. Por lo general, el problema de la inapetencia no suele plantearse en toda su importancia hasta pasado el primer año de vida.

El tratamiento recomendado por el doctor Blancafort, por cierto, también es muy similar al expuesto en estas páginas: no forzar al niño, no distraer ni amenazar, no darle medicamentos, reconocer que no necesita comer tanto... Pero esta actitud comprensiva no le impide subirse al carro del adelanto de las papillas, que recomienda iniciar a los tres meses, y no precisamente poco a poco: de entrada, dos papillas diarias de harina y leche, y una de fruta. A los cuatro meses, verdura. Yema e hígado a los seis (pero a veces también a los cuatro)...

Por supuesto, en la dieta para los diez o doce meses ya no se menciona ninguna tetada. Y, lo que es más sorprendente, ningún biberón. Los años setenta marcaron el triunfo de los «sólidos»:

> Desayuno: una papilla dulce, que puede completarse con unas galletas o bizcochos.
>
> Comida: sopa o puré de verduras o de patatas, añadiendo la ración correspondiente de carne, hígado, seso, etc. Fruta como postre, o algo de queso.
>
> Merienda: papilla completa de fruta o yogur de fruta o galletas.
>
> Cena: una papilla dulce con una yema de huevo o bien una sopa con yema de huevo o jamón dulce o pescado o una bechamel.

Al año se introducen legumbres secas, frutas secas, salsa, dulces y pasteles y cacao. ¡No sorprende que el doctor Blancafort tuviera que dedicar seis páginas al tema de la inapetencia!

Esto no pretende ser un análisis histórico exhaustivo; no se han buscado sistemáticamente todos los libros y fuentes de información sobre el tema. Pero da la impresión de que el «niño que no come» como preocupación de las madres y consulta frecuente a los pediatras nació en los años treinta y se fue extendiendo progresivamente, siguiendo los cambios en las recomendaciones sobre alimentación infantil.

La alimentación de los niños ha cambiado, a lo largo de este siglo, casi tanto como el largo de las faldas o el ancho de las corbatas. Cada generación de pediatras ha recomendado una dieta totalmente distinta a la anterior (es decir, distinta a la que sus profesores les habían enseñado en la facultad, y más distinta aún a la que ellos mismos habían tomado en su infancia). Cada pediatra ha cambiado de dieta a lo largo de su vida profesional. Cada generación de pediatras se ha topado con la dificultad de «enseñar» los nuevos descubrimientos de la ciencia a las madres, luchando contra los consejos de las abuelas, que seguían las normas de los pediatras de treinta años atrás. Esta pobre madre o abuela, que no hace más que repetir lo que le ordenó otro pediatra o leyó en otro libro, es denostada como ignorante en alimentación infantil. Ningún autor se molesta en comentar las dietas antiguas para explicar la causa de las diferencias y el porqué de los avances de la ciencia. No, cada autor recomienda dietas recién inventadas, como quien predica los Diez Mandamientos y exige obediencia instantánea. Los pediatras de hoy, que suelen recomendar la primera papilla a los seis meses, se topan con madres y, sobre todo, abuelas, acostumbradas a las precocísimas papillas de los años setenta («¡Cómo que te ha dicho que solo el pecho? ¡Tendría que estar tomando ya tres papillas!»). Hace setenta años, en cambio, el problema era el contrario, y el doctor José Muñoz, autor de *¡¡Madre... cría a tu hijo!!*[51] (1941), critica la interferencia de las abuelas en este diálogo imaginado:

> «Pero, cómo, ¿ya le vas a dar papillas al pequeño?...»
>
> «El doctor me lo ha ordenado, y yo, al ponerme bajo sus órdenes, cumplo fielmente lo que se me manda.»
>
> «No sé qué te diga —contesta la abuela—; en mi tiempo queríamos más a los hijos; cinco tuve y no consentí darles más que mi pecho hasta los veintiséis meses. Cuestión de modas. ¡Cómo cambian los tiempos...! En estos, todo lo queréis hacer aprisa, pronto..., que ande pronto..., que hable pronto..., que coma pronto...»

«Cumplo fielmente lo que se me manda.» La obediencia convertida en virtud suprema. En este diálogo, la madre parece un robot, tiesa como un palo, dando respuestas estereotipadas, mientras que la abuela, en cambio, vive y piensa, y tiene opiniones propias extraídas de su experiencia. Aunque sus posturas fueran las opuestas, aunque la abuela estuviera recomendando con entusiasmo la primera papilla a los dos meses, no podría evitar sentir más simpatía por ella. Sin embargo, el doctor Muñoz pensaba (y tal vez acertaba) que, con este diálogo, alababa a la madre y ridiculizaba a la abuela, y que así impulsaba a las madres a desoír a las abuelas y a hacerle más caso a él. Realmente, ¡cómo cambian los tiempos!

Sería absurdo pensar, sin embargo, que la alimentación de los niños cambiaba, simplemente, por modas. Estamos hablando de auténticos expertos en nutrición, que estaban al día de los avances científicos de su tiempo. Tal vez se equivocaron (y, desde luego, cuesta creer que todos tengan razón, cuando dijeron cosas tan opuestas); pero, sin duda, había un motivo para cambios tan radicales.

Creo que dicho motivo fue la lactancia artificial. En 1906, prácticamente todos los niños tomaban el pecho, de su madre o de una nodriza (el doctor Ulecia ofrecía reconocimientos de nodrizas por 15 pesetas). Algunos niños tomaban ya lactancia artificial, a base de leche de vaca con azúcar, con los desastrosos resultados que pueden imaginar. La capacidad de los lactantes pequeños para digerir y metabolizar el exceso de proteínas y de sales minerales en la leche de vaca es limitada, y era fundamental limitar estrictamente la dosis. De aquí la gran preocupación por la sobrealimentación, y los rígidos horarios de las tomas.

Por desgracia, los expertos creyeron que los horarios, que tal vez eran necesarios para los niños que tomaban leche de vaca, convenían también a los que tomaban el pecho. Incluso cuando el porcentaje de niños que tomaban biberón era muy bajo, los pediatras tenían más experiencia con niños de biberón que con niños de pecho, sencillamente porque estaban mucho más enfermos y acudían más a sus consultas. En aquellos tiempos, los pobres no iban al pediatra, y mucho menos si estaban sanos (llevar a un niño al pediatra para «revisión» era algo impensable). Es difícil hacerse cargo hoy en día (a no ser que se conozca bien el Tercer Mundo, donde la situación sigue siendo la misma) de la tremenda mortalidad que acarreaba la lactancia artificial en aquellos tiempos. El doctor Ulecia cita al respecto a otro experto, el doctor Variot, de Francia:

> Las madres que niegan el pecho a sus hijos, sobre todo en los dos primeros meses de la vida, y los someten desde el nacimiento a la lactancia artificial exclusiva, los exponen a mayores riesgos de morir que los que corre un soldado en los campos de batalla.

Los bebés que tomaban pecho hasta el año se criaban sin problemas, pues la leche materna lleva todas las vitaminas y nutrientes necesarios; y entre los pocos que tomaban leche de vaca entera, la consigna era no sobrecargar aún más el sistema digestivo. Pero la situación se deterioró rápidamente. Veinte años después, el doctor Roig se queja de que cada vez es más difícil encontrar una buena nodriza, y sus libros están llenos de anuncios de leches artificiales.

En los años treinta, los bebés tomaban leche preparada industrialmente, en la que se habían reducido las proteínas, pero también se habían destruido las vitaminas en el proceso de esterilización. Ahora necesitaban otros alimentos, sobre todo frutas, verduras e hígado, para evitar el escorbuto y otras deficiencias vitamínicas; y cereales y otros alimentos caseros para reducir rápidamente la dosis de la costosa leche artificial (o las madres más pobres volverían a pasarse a la leche de vaca entera, probablemente sin esterilizar, indigesta y a veces transmisora de la tuberculosis).

Un exceso de entusiasmo llevó a recomendar unas cantidades que los niños difícilmente conseguían tomar, y mucho menos los de pecho, que no necesitaban papilla para nada.

Por desgracia, todos los expertos parecen haber cometido el mismo error: dar a los niños de pecho las mismas papillas que a los que toman el biberón.

En los años setenta, la fabricación de leches artificiales había mejorado lo suficiente como para que los niños que tomaban el biberón no sufrieran escorbuto, raquitismo o anemia. Ya no era necesario el zumo de naranja para evitar el escorbuto, y se empezaron a apreciar, en cambio, los posibles peligros, más sutiles, de las papillas demasiado precoces: las alergias e intolerancias, la celiaquía. Progresivamente, las papillas se volvieron a retrasar: a los tres meses, a los cuatro, ahora a los seis. Personalmente, no creo que el proceso haya terminado; y será interesante ver qué nos depara el futuro...

EPÍLOGO
¿Y SI NOS OBLIGASEN A COMER A NOSOTROS?

La carga de la Brigada Nutricional

El sol brillaba en lo alto de un cielo sin nubes, y el aire traía aromas de hierba recién cortada cuando Edmundo Tavares decidió entrar en La Carpa Dorada, un restaurante agradable y no demasiado caro. Desde su mesa, Edmundo disfrutaba de una buena vista sobre el parque y los magnolios en flor. Buen observador de la naturaleza humana, prefirió, sin embargo, sentarse en un costado, dominando el interior del restaurante.

La clientela era tan variada como fascinante. Frente a él, un individuo obeso y sudoroso comía ruidosamente a dos carrillos, deteniéndose solo para trasegar increíbles cantidades de vino barato. Durante unos segundos, Edmundo siguió como en un sueño los movimientos de su papada, una masa blanquecina y ondulante como dunas de finísima arena. No era, ciertamente, un espectáculo capaz de entretener a nadie durante mucho tiempo; y Edmundo pronto ignoró a su gordo compañero para fijarse en una joven muy delgada, casi espiritual, en la siguiente mesa. «Delgada, casi espiritual... vaya cursilada», se dijo. Cuántas veces había leído esta descripción en algún libro, y «espiritual» se asociaba en su mente con un matiz filosófico o religioso, acaso sobrenatural. Ahora, viendo a aquella chica pálida, perdida la mirada en sabe Dios qué extrañas reminiscencias frente a su plato de macarrones casi intacto, comprendió que «espiritual» tenía aquí un significado mucho más terreno, simplemente incorpóreo a base de no tener cuerpo, como en aquella broma de sus días escolares: «Estás más delgado que la radiografía de un suspiro».

En el centro del salón, junto a la carpa dorada que daba nombre al local, unos ejecutivos, perfectamente trajeados (aunque la mujer se distinguía por no llevar corbata), discutían acaloradamente sobre un despliegue de estadísticas y documentos que casi ocultaban los platos y los teléfonos móviles. Edmundo sonrió, pensando en los preciosos contratos manchados de tomate y grasa. Pero no, son profesionales, seguro que pueden leer un informe sobre una ensaladilla rusa sin el más mínimo accidente.

Más allá, en un discreto rincón, unos novios se miraban como tontos, con las manos entrelazadas sobre la mesa. Ahora se vuelven a entrelazar las manos sobre la mesa... ¡qué de vueltas da el mundo! ¿O es que su generación tenía pocas oportunidades para entrelazar nada en otros sitios? ¿Me estaré haciendo viejo?, pensó recordando otras mesas, otras manos.

No era fácil perderse en ensoñaciones, pues continuamente le volvían al mundo las risas y gritos de un ruidoso grupo de estudiantes, en una mesa situada a sus espaldas. Les miró de reojo, discretamente. Bromeaban, bulliciosos, despreocupados, sin respeto a las convenciones sociales ni temor al ridículo. Como siempre que contemplaba a un grupo de jóvenes, le pareció encontrar algún rostro conocido antes de desechar la ridícula idea: no, ellos también tendrán ahora cuarenta años.

Acababan de traerle la ensalada cuando un silencio denso y frío se extendió por el amplio comedor como las ondas en un estanque. Los temidos uniformes negros de la Policía Nutricional tomaban rápidamente posiciones. No los había visto llegar por el parque, sin duda habían entrado por la puerta de servicio. Eran media docena de agentes, bajo el mando de un teniente muy joven y atildado. Estos oficiales recién salidos de la academia, rígidamente ordenancistas y deseosos de justificar sus galones, eran siempre los peores. Sus mismos hombres estaban atemorizados. No dejarían pasar ni una.

Una agente de mediana edad se dirigió rápidamente a la mesa de los ejecutivos. No les había dado tiempo de guardar sus contratos e informes, que fueron bruscamente requisados. «¡En la mesa no se juega!» El más joven intentó esbozar una protesta, pero la mujer le contuvo con un gesto imperioso. Toda resistencia era inútil. Tal vez mostrando una total sumisión y comiendo sin rechistar les devolvieran los documentos después del postre.

Las chanzas habían terminado en la mesa de los estudiantes. Una detención por malos comedores podía significar la deshonra de sus familias y la expulsión de la universidad. Comían muy derechos, en absoluto silencio, llevándose rítmicamente a la boca el tenedor o la cuchara. ¿Estaban tal vez demasiado derechos; comían tal vez demasiado al unísono? Los brazos subían y bajaban con precisión coreográfica. El agente que les observaba tenía la vaga sospecha de que le tomaban el pelo, pero por más que se esforzaba no podía apreciar nada decididamente ilegal en su actitud, de modo que optó por darse la vuelta e ignorarlos. Varias personas en las mesas circundantes reprimían una sonrisa de aprobación: tal vez esta juventud vale más de lo que parece, después de todo.

Se oyeron gritos apenas velados provenientes de la cocina. En todos los restaurantes se apresuraban a hacer desaparecer cualquier resto de alimento por el desagüe; pero esta vez la inexperiencia de uno de los pinches había permitido a la PN descubrir un plato con media ración de canelones. Las leyes que impedían dejar comida en el plato eran implacables. El propietario se deshacía en explicaciones.

—Siempre he estado en regla, ustedes lo saben. El cliente se negó a acabárselos y se dio a la fuga, no pudimos evitarlo. Aún no hemos tenido tiempo de rellenar el impreso de denuncia, por eso precisamente hemos guardado el plato. Hay que hacerle la foto para el expediente... Pero estamos limpios, miren el cubo de los desperdicios, vac...

Con un gesto dramático, el propietario mostró el cubo, y las palabras murieron en sus labios. ¡Restos de estofado! El pinche nuevo había cometido otro error, y este podía ser fatal. La sargento les taladraba con la mirada, exigía una explicación. Antes de que los demás salieran de su parálisis, el pinche se adelantó, tembloroso:

—Tuve que tirarlos, se me cayó un plato al suelo. Pero no se rompió.

—¡La comida no se tira! —rugió el propietario—. Otro error y te despido.

Y luego, dirigiéndose obsequioso a la sargento:

—Es nuevo, cada vez cuesta más encontrar personal bien preparado.

Pero no había dejado de observar, satisfecho, la rapidez del pinche para cubrir su propio error e inventar una excusa. En aquellos tiempos, siempre bajo la amenaza de ver el restaurante expropiado y puesto bajo el control directo de la PN, la astucia y la rapidez de reflejos eran cualidades valiosas.

Edmundo Tavares no perdía detalle de cuanto ocurría en el salón, sin dejar por ello ni un instante de prestar su atención aparentemente indivisa a la ensalada. Se felicitó por su elección: un plato ligero, pero que extrañamente siempre contaba con la aprobación de la PN. A los Nutricionales les fascinaba lo verde. Los dos tortolitos del rincón habían dejado de entrelazar sus manos de inmediato, pero no podían evitar mirarse embelesados de vez en cuando. La agente que tan severa había sido con los ejecutivos parecía ahora inclinada a la condescendencia, pero una fría mirada de su teniente le recordó su deber. Se cuadró junto a la mesa y empezó a marcar el paso con voz chillona.

—¡A comer y a callar! Cuchara al plato, cuchara a la boca, uuuuno, doooos, cuchara al plato, cuchara a la boca, uuuuuno, doooos.

El gordinflón sentado ante Edmundo estaba muy nervioso y miraba a los policías con ávido disimulo. «Está intentando distinguir las insignias», comprendió de pronto. «Debe de ser algo miope.»

Los Nutricionales SS (Super Sebo) exigían un peso superior a la media, y cuanto más alto mejor; pero estaban en pugna constante con los Nutricionales SA (Solo Atléticos), para quienes el peso ideal estaba entre los percentiles 25 y 75. Como consecuencia de estas luchas internas del régimen, la vida de los individuos cuyo peso estaba por encima del percentil 75, o entre los percentiles 25 y 50, se había hecho muy difícil. No tanto, sin embargo, como la de los desgraciados que estaban por debajo del percentil 25; la mayoría de ellos habían conseguido exiliarse antes del cierre total de las fronteras.

Esta vez se trataba de Nutricionales SS, y el obeso se tranquilizó en cuanto estuvo seguro. Es más, se atrevió a dar un paso siempre arriesgado:

—Camarero, esta pierna de cordero estaba excelente. ¿Podría repetir?

El disgusto del camarero era evidente, pero no tenía elección. Con la PN SS en el local, la repetición estaba garantizada. El propietario en persona trajo, sonriente, la nueva ración. La venganza, sin embargo, era sutil: el plato estaba completamente lleno. El gordo palideció al verlo; esperaba solo «un poco más», pero aquello era excesivo. Y dejar algo que él mismo había pedido era el peor de los crímenes.

Demasiado tarde, el propietario se arrepintió de su treta. El intento de repetición, comprendió, no iba destinado a aprovecharse de la situación, sino solo a buscar protección. Perseguidos por las SA, la única salvación de los obesos era tener buenos amigos en las SS. Súbitamente avergonzado, intentó ofrecerle una vía de escape:

—Lo lamento, señor, pero se nos ha acabado el flan con nata —musitó cordialmente—. Tendrá que pedir otro postre. Le sugiero un zumo de naranja.

—De acuerdo —respondió el obeso, y en sus ojos se leía el agradecimiento. Tal vez sí que podría acabarse la pierna de cordero. Se puso a ello.

El teniente estaba ahora junto a la pecera.

—¿Por qué este pez no come?

—Acaba de comer —se excusó el propietario—, pero no importa.

Sacó algo seco de un paquete de comida para peces y lo echó al agua. La carpa se apresuró a devorarlo.

—Las carpas siempre tienen un rincón vacío. Por eso la elegí como enseña de mi establecimiento.

El teniente casi sonrió. «Fue buena idea comprar la carpa», pensó el propietario, esperando que el incidente del estofado en la basura fuese totalmente olvidado.

Pero la fría mirada del teniente se clavaba ya sobre la chica delgada. El silencio se hizo aún más ominoso. No solo parecía estar por debajo del percentil 25 (los rellenos de la ropa interior no podían ocultar la delgadez de las mejillas), sino que el plato estaba todavía muy lleno, y comía con desesperante lentitud. Incluso a aquella distancia, Edmundo podía decir que la chica sudaba, y le parecía oír los latidos de su corazón.

Tras contemplarla durante unos segundos eternos, el teniente hizo un gesto a uno de los agentes, que se acercó decidido hacia la joven.

—Venga, coma un poco, si está muy bueno. Así, muuuy bien. Tiene usted que crecer, y poner un poco de carne en esos huesitos. Vamos, otra cucharadita, aaaasí, qué guapa se pone cuando come. ¿Está cansada, mi vida? Yo la ayudaré, traiga el tenedor. ¡Mire el avión cómo viene, brrr brrrrrrr! ¡El avión con macarroncitos para mi niña! ¡Muy bien! Mire, un pajarito en la ventana, qué pajarito más lindo. ¿Ve como abre el piquito? Muuuy bien, un poquito más. Ahora, este poquito poooor la abuelita, y este otro poquito poooor papá... Venga, no vamos a dejar estos macarrones tan buenos. El cocinero se los ha hecho con muuuucho cariño. Así, muy bien, ya falta poco. ¿No quiere ir al cine esta tarde? Pues primero hay que acabarse la comidita, para estar fueeeerte. ¡Ay, qué rica ella, cómo come mi niña!

Lenta, penosamente, los macarrones fueron desapareciendo, y el agente de la PN rebañó la salsa con pan y se lo metió a la aterrorizada mujer en la boca. ¡Y aún faltaba el bistec con patatas! Edmundo, como otros muchos clientes del restaurante, contenía la respiración. Era evidente que no conseguiría acabarse el segundo plato.

El camarero trajo la carne. Había puesto el bistec más pequeño posible y la cantidad mínima de patatas, y dirigió a la joven una mirada de complicidad. Esta apenas pudo esbozar una sonrisa de agradecimiento; la ración seguía estando muy por encima de sus posibilidades, y el camarero lo sabía. Pero no podía exponerse más; en varias ocasiones, la PN había hecho pesar raciones sospechosamente pequeñas.

El agente cortó la carne en trocitos minúsculos, y volvió a su inagotable cháchara. Pero cada cucharada era más penosa, y cada vez más palpable el terror de la una y la cólera del otro. Edmundo, como los otros clientes, intentaba concentrarse en su propio plato, en el rítmico ir y venir del tenedor. No ver, no oír, no pensar. Simplemente sobrevivir. Cuántas veces había soñado Edmundo con un gesto heroico, un arrebato de dignidad; levantarse y gritar: «Deje a esa señorita, déjela en paz». En vez de ello, tuvo que tragarse su propia cobardía y escuchar cómo el policía le decía a la mujer:

—¿Ve este señor cómo come? ¡Él sí que se porta bien! ¡Vamos, tiene usted que ser grande, como este señor!

La joven, con la mirada perdida en el vacío, abría y cerraba mecánicamente la boca, mientras dos lágrimas resbalaban sobre unas mejillas que se hinchaban peligrosamente. «Hace tiempo que no traga», pensó Edmundo. De pronto, con un sonido estremecedor, mezcla de tos y náusea, la mujer dejó caer una bola de carne reseca y penosamente masticada.

—¡Teniente, está haciendo la bola!

El oficial se acercó decidido. Una sonora bofetada rompió el consternado silencio. Se acabó, pensó Edmundo, se acabaron los aviones y las palabras amables. No había piedad para los terroristas de la BOLA (Bloque Opositor por la Libertad de Alimentación). Sabía lo que vendría a continuación: le harían tragarse la repugnante bola y el resto de la carne. Le abrirían la boca a la fuerza, hundiendo con dos dedos de hierro las mejillas entre sus dientes, de modo que ella misma se mordería si intentaba cerrarla. La cebarían hasta hacerle vomitar, vomitaría encima del plato y le harían comer de nuevo su propio vómito. Edmundo cerró los ojos, angustiado, inspiró lenta y profundamente, intentando no vomitar él también mientras escuchaba los gritos de terror de la joven:

—¡No quiero más! ¡No quiero más! ¡No quiero más!

Edmundo se forzó a abrir los ojos. Oscuridad. Comprendió de pronto que todo había sido un sueño. «Qué ridículo sueño», pensó. «Policía Nutricional. ¿A quién puede ocurrírsele una cosa así?» Y, sin embargo, se notaba todavía sudoroso, agitado. Había parecido tan real. Sobre todo, aquel último grito.

—¡No quiero más! ¡No quiero más!

¡Otra vez! ¡Lo estaba oyendo! El terror espeluznó su espina dorsal. Pero no, no era un sueño. Era su hija Vanesa, de dos años, que en la habitación vecina gritaba en sueños. Qué extraño, ¿es posible que hayamos tenido el mismo sueño? No, claro, debe de estar despierta. Eso es, debo de ser yo el que grité dormido, y ella lo repite para llamar la atención. ¡La muy...! Realmente, estos niños saben latín. Ya nos advirtió el doctor, cuando nos explicó cómo enseñarla a dormir, que intentaría todos los trucos para que fuéramos a su habitación por la noche. Pero no pienso ir, ya lo creo que no. Tiene que aprender a dormir sola, ya está bien de tomarle el pelo a la gente.

Por cierto, un día de estos tendríamos que consultarle al médico lo de la comida. Cada vez come menos, y encima ahora marranea. Algo habrá que hacer con esta niña.

NOTAS

1. Illingworth, R. S., *The normal child. Some problems of the early years and their treatment*, 10.ª ed., Churchill Livingstone, Edimburgo, 1991.
2. Fomon, S. J., *Nutrición del lactante*, Mosby/Doyma Libros, Madrid, 1995.
3. Van Den Boom, S. A. M., Kimber, A. C. y Morgan, J. B., *Nutritional composition of home-prepared baby meals in Madrid. Comparison with commercial products in Spain and homemade meals in England,* Acta Pædiatr., 1997, 86: 57-62.
4. Butte, N. F., Wong, W. W., Hopkinson, J. M., Heinz, C. J., Mehta, N. R. y Smith, E. O. B., *Energy requirements derived from total energy expenditure and energy deposition during the first 2 years of life,* Am. J. Clin. Nutr., 2000, 72: 1558-1569.
5. Dewey, K. G., Peerson, J. M. y Brown, K. H. et ál., *Growth of breast-fed infants deviates from current reference data: a pooled analysis of US, Canadian, and European data sets,* Pediatrics, 1995, 96: 495-503.
6. WHO, *Working Group on Infant Growth. An evaluation of infant growth*, Documento WHO/NUT/94.8, OMS, Ginebra, 1994.
7. Dewey, K. G., *Growth patterns of breastfed infants and the*

current status of growth charts for infants, J. Hum. Lact., 1998,14: 89-92.

8. Von Kries, R., Koletzko, B., Sauerwald, T., Von Mutius, E., Barnert, D., Grunert, V. y Von Voss, H., *Breast feeding and obesity: cross sectional study,* BMJ, 1999, 319: 147-150.
9. Grummer-Strawn, L. M. y Mei, Z., *Centers for Disease Control and Prevention Pediatric Nutrition Surveillance System. Does breast-feeding protect against pediatric overweight? Analysis of longitudinal data from the Centers for Disease Control and Prevention Pediatric Nutrition Surveillance System,* Pediatrics, 2004, 113: 81-86.
10. Räihä, N. C. R. y Axelsson, I. E., *Protein nutrition during infancy. An update,* Pediatr. Clin. N. Amer., 1995, 42: 745-764.
11. Howie, P. W., Houston, M. J., Cook, A. et ál., *How long should a breast feed last?,* Early. Hum. Dev., 1981, 5: 71-77.
12. Woolridge, M. W., Baby-controlled breastfeeding: Biocultural implications, en Stuart-Macadam, P. y Dettwyler, K. A., *Breastfeeding, biocultural perspectives,* Aldine de Gruyter, Nueva York, 1995.
13. Woolridge, M. W., Ingram, J. C. y Baum, J. D., *Do changes in pattern of breast usage alter the baby's nutrient intake?,* Lancet, 1990, 336: 395-397.
14. Birch, L. L. y Fisher, J. A., *Appetite and eating behavior in children,* Pediatr. Clin. North. Am., 1995, 42: 931-953.
15. Birch, L. L., Johnson, S. L., Andresen, G. et ál., *The variability of young children's energy intake,* N. Eng. J. Med., 1991, 324: 232-235.
16. Shea, S., Stein, A. D., Basch, C. E. et ál., *Variability and self-regulation of energy intake in young children in their everyday environment,* Pediatrics, 1992, 90: 542-546.
17. Fisher, J. O. y Birch, L. L., *Restricting access to palatable foods affects children's behavioral response, food selection, and intake,* Am. J. Clin. Nutr., 1999, 69: 1264-1272.

18. *ESPGAN, Committee on Nutrition, Guidelines on infant nutrition. III. Recommendations for infant feeding,* Acta Pædiatr. Scand., 1982, suppl. 302.
19. *Complementary feeding: A comentary by the ESPGHAN Committee on Nutrition.* J. Pediatr. Gastroenterol. Nutr., 2008;46:99-110.
20. *American Academy of Pediatrics Committee on Nutrition. On the feeding of supplemental foods to infants,* Pediatrics, 1980, 65: 1178-1181.
21. American Academy of Pediatrics Section on Breastfeeding, *Breast-feeding and the use of human milk,* Pediatrics, 2005, 115: 496-506. http://aappolicy.aappublications.org/cgi reprint/ pediatrics;115/ 2/496.pdf
22. American Academy of Pediatrics Work Group on Breastfeeding, *Breast-feeding and the use of human milk,* Pediatrics, 1997, 100: 1035-1039.
23. UNICEF, OMS, UNESCO,FNUAP, PNUD, ONUSIDA, PMA, Banco Mundial. *Para la vida.,* 3.ª ed., 2002. http://www.unicef.org/spanish/ffl/
24. Cohen, R. J., Brown, K. H., Canahuati, J. et ál., *Effects of age of introduction of complementary foods on infant breast milk intake, total energy intake, and growth: a randomised intervention study in Honduras,* Lancet, 1994, 343: 288-293.
25. Klaus, M. H., *The frequency of suckling. A neglected but essential ingredient of breast-feeding,* Obstet. Gynecol. Clin. North. Am., 1987, 14: 623-633.
26. Daly, S. E. J. y Hartmann, P. E., *Infant demand and milk supply. Part 2: The short-term control of milk synthesis in lactating women,* J. Hum. Lact., 1995, 11: 27-37.
27. Weile, B., Cavell, B., Nivenius, K. y Krasilnikoff, P. A., *Striking differences in the incidence of childhood celiac disease between Denmark and Sweden: a plausible explanation,* J. Pediatr. Gastroenterol. Nutr., julio 1995, 21: 64-68.

28. Ivarsson, A., Hernell, O., Stenlund, H. y Persson L. A., *Breast-feeding protects against celiac disease,* Am. J. Clin. Nutr., 2002, 75: 914-921.
29. *Complementary feeding: A comentary by the ESPGHAN Committee on Nutrition.* J. Pediatr. Gastroenterol. Nutr., 2008.
30. American Academy of Pediatrics, Committee on Nutrition. *Hypoallergenic infant formulas.* Pediatrics, 2000;106:346-349.
31. *Complementary feeding: A comentary by the ESPGHAN Committee on Nutrition.* J. Pediatr. Gastroenterol. Nutr., 2008.
32. Greer F. R., Sicherer S. H., Burks A. W., American Academy of Pediatrics Committee on Nutrition; American Academy of Pediatrics Section on Allergy and Immunology. *Effects of early nutritional interventions on the development of atopic disease in infants and children: the role of maternal dietary restriction, breastfeeding, timing of introduction of complementary foods, and hydrolyzed formulas.* Pediatrics, 2008;121:183-191.
33. Macknin, M. L., Medendorp, S. V. y Maier, M. C., *Infant sleep and bedtime cereal,* Am. J. Dis. Child., 1989, 143: 1066-1068.
34. Comité de Lactancia Materna de la AEP. Recomendaciones para la lactancia materna, 2008. http://www.aeped.es/pdf-docs/lacmat.pdf
35. Fernández Núñez, J. M., Sendín González, C., Herrera, P. et ál., «Doctor, el niño no me come», como demanda de consulta, *Atención Primaria,* 1997, 20: 554-556.
36. Comité de Nutrición de la Asociación Española de Pediatría, *Indicaciones de las fórmulas antirregurgitación,* An. Esp. Pediatr., 2000, 52: 369-371.
37. American Academy of Pediatrics, Committee on Nutrition, *The use and misuse of fruit juice in pediatrics,* Pediatrics, 2001, 107: 1210-1213.

38. Sanders, T. A. B., *Vegetarians diets and children,* Pediatr. Clin. N. Amer., 1995, 42: 955-965.
39. Norris, J., *Vitamin B12 Recommendations for Vegans,* http://www.veganoutreach.org/health/b12rec.html
40. Hood, S., *The vegan diet for infants and children.*
41. Bowlby, J., *Vínculos afectivos. Formación, desarrollo y pérdida,* Ediciones Morata, Madrid, 1986.
42. Dewey, K. G. y Brown, K. H., *Update on technical issues concerning complementary feeding of young children in developing countries and implications for intervention programs,* Food. Nut. Bull., 2003, 24: 2-28.
43. Ulecia y Cardona, R., *Arte de criar a los niños,* 2.ª ed., Administración de la Revista de Medicina y Cirugía Prácticas, Madrid, 1906.
44. Puig y Roig, P., *Puericultura o arte de criar bien a los hijos,* Librería Subirana, Barcelona, 1927.
45. Goday, S., *Alimentació del nen durant la primera infància,* Monografies Mèdiques, 19, Barcelona, 1928.
46. Roig i Raventós, J., *Nocions de puericultura,* 4.ª ed., Políglota, Barcelona, 1932.
47. Roig i Raventós, J., *Nocions de puericultura,* 5.ª ed., Políglota, Barcelona, 1936.
48. Roig i Raventós, J., *Nocions de puericultura,* 7.ª ed., Políglota, Barcelona, 1947.
49. Ramos, R., *Puericultura. Higiene, educación y alimentación en la primera infancia,* tomo I, Barcelona, 1941.
50. Blancafort, M., *Puericultura actual*, Bruguera, Barcelona, 1979.
51. Muñoz, J., *¡¡Madre... cría a tu hijo!!,* Barcelona, 1941.

ÍNDICE TEMÁTICO

Academia Americana de Pediatría (AAP), 84-86, 129, 131, 145, 146, 171
Ácido fólico, 64
Alergia, 55, 58, 76, 89, 104, 182
  a alimentos, 54, 56, 83, 84, 128, 131-133, 135, 139, 182
  a la leche de vaca, 56, 58, 128, 131, 132
Alimentación complementaria, 81-83, 86, 136, 149, 154, 155
  beikost, 81, 82
Alimentos
  alergénicos, 131
  con gluten, 82, 89
  sólidos, 82, 83, 161, 204
Anemia, 64, 96, 137, 191, 207
Anorexia, 165, 199
  infantil, 165, 166
  nerviosa, 164, 165
Apetito, 22, 27, 33, 39, 49, 50, 77-79, 119, 133, 136, 137, 165, 190, 192, 193, 198, 199
  estimulantes del, 75, 76, 78, 79
  y ejercicio físico, 31, 33, 63, 78
Azúcar, 61, 68, 84, 88, 129, 133, 134, 139, 171, 172, 179, 192, 197, 206

Bañar al niño después de comer, 180
Báscula, 97, 98, 156, 157

Cantidad de grasa en la leche materna, 65
Caries, 88, 133
Cariño, 24, 25, 44, 99, 103, 180, 181, 185, 200
Castigo, 54, 74, 75, 96, 99, 101, 102
Cerebro, 77, 78
Chuches, 62, 68
Ciproheptadina, 77, 78
  efectos secundarios de la, 77
Comer entre horas, 112, 178
Comparaciones y alimentación del niño, 73
Control de la composición de la leche, 65
Corte de digestión, 180
Crecimiento, 31-35, 37, 38, 47, 49, 67, 76, 77, 112, 150, 151, 155, 184, 189, 190
  comida y, 32-34
  de los niños de pecho, 42, 46, 47
  estirón, 33, 39

intrauterino, 176, 177
retraso constitucional del, 48
ritmo de, 42, 47-49
Crisis de los tres meses, 56, 60, 112, 113
Cuánto necesita comer un niño, 32
Cuidar el lenguaje, 155

Dar el pecho, 86, 103, 123, 130, 140, 146, 147, 163, 180
a demanda, 88, 110, 111, 123
Desnutrición, 34, 36, 90, 151
Despertar al niño para comer, 179, 180
Diarrea, 44, 51, 98, 135, 153, 161, 165, 170, 171
Dieta
ovo-lacto-vegetariana, 173
vegetariana, 84, 147
vegetariana estricta (vegana), 84, 173
Disciplina, 26, 65, 201
Dormir de un tirón, 114, 177

Estómago de los niños, 36, 37, 55, 56, 77, 104, 119, 123, 132, 139, 167, 171, 173, 177
Exceso de alimentación, 194, 198

Fabricantes de leche artificial, 36, 145
Fibrosis quística, 162
Funciones principales de la comida, 31

Genes, 34, 35
Gluten, 21, 54, 82, 84, 89, 128, 130, 131, 139, 154
Gripe, 50, 98, 161
Guardería, 49, 58, 181, 182

Hierro, 25, 68, 83, 84, 86, 133, 135-137, 174, 177, 191, 201
en bebés prematuros, 177
Horario de alimentación, 64, 65, 67, 110, 111, 116, 123, 177, 178

Inapetencia de los niños, 22, 23, 26, 39, 50, 51, 196, 198-200, 203, 204
Independencia de los niños, 96
Introducir alimentos nuevos poco a poco, 81, 129, 130, 139, 154

Lactancia
a demanda, 66, 86, 110, 111, 123, 170
artificial, 36, 47, 82-84, 113, 128, 132, 136, 140, 145, 150, 164, 186, 187, 206, 207
fracaso de la, 114
grupos de apoyo a la, 116
materna, 54, 55, 83, 86, 117, 130, 141, 143, 151, 163, 170
mixta, 140
y trabajo, 140, 141, 162
Leche
adaptada, 55, 132
de continuación, 83, 145-147
de vaca, 56-58, 84, 118, 128, 131, 132, 145, 206, 207
materna, 36, 57, 58, 60, 64-66, 68, 82, 83, 86, 120, 121, 123, 129, 136, 141, 144-147, 149, 174, 175, 207
producción de, 115
Libertad, 96, 102, 110
Llamar la atención, 167-169

Malos tratos, 166, 181
Medicamentos, 51, 54, 77, 203
efectos secundarios de los, 77, 78, 167

No obligar al niño a comer, 27, 96-99, 102, 128, 164
Nodrizas, 206, 207

Papillas, 21, 36-39, 41, 47, 48, 52, 54, 58, 59, 61, 67, 72, 80, 82, 83, 85, 87-89, 104, 114, 119-122, 127-133, 136, 138-143, 147, 154, 156, 163-165, 175, 177, 178, 185, 192, 194, 196-198, 200-205, 207
Persistencia en la alimentación del niño, 71
Pesar a los niños, 48, 98, 157
Peso de los niños
aumento de, 113, 142, 150-152, 155
control del, 149
curvas de, 113
gráficas de, 42, 44-46, 151
media de, 40, 41, 43-45, 47, 49, 113, 118, 152, 155
percentil de, 42-44, 46-49, 118, 119, 151-153, 155, 156, 164, 166
pérdida de, 51, 78, 96, 97, 104, 113, 163
Premios, 74, 75
Proteínas, 56, 57, 59-61, 65, 66, 68, 82, 89, 143-147, 162, 192, 206, 207
Publicidad, 69, 121, 145, 146, 188, 191

Recién nacidos, 32, 33, 51, 97, 144, 179, 180
Recomendaciones sobre alimentación infantil
de la AAP, 84
de la ESPGHAN, 81-83, 123, 127, 130, 131, 134, 145
de la OMS y el UNICEF, 86
Reflejo de extrusión, 85
Reflujo gastroesofágico, 165, 167, 172, 173
Relación peso-talla, 155, 156
Respeto, 27, 96, 147, 182, 183
Responsabilidad de los padres en la alimentación del niño, 69

Sal, 68, 84, 129, 133, 134, 138, 139, 170, 196
Selección natural, 68, 168
Sobornos y alimentación del niño, 74
Sociedad Europea de Gastroenterología y Nutrición Pediátricas (ESPGHAN), 81-83, 127, 130, 131, 134, 145, 146
normas de alimentación complementaria de la, 123, 134
Supervivencia, 143, 163, 168

Talla, 34, 43, 46-48, 121, 142, 152, 154-156, 189
Tuberculosis, 161, 193, 207

Varicela, 98
Vitaminas, 25, 35-37, 49, 63, 68, 76, 77, 91, 120, 135, 143, 155, 174, 199, 207
A, 86
B1, 64
B12, 64, 173
C, 64, 89, 135, 137
Vómitos, 28, 80, 96, 97, 181, 200